교육을 가로막는 벽

교육을 가로막는 벽

초판 1쇄 발행 2022년 4월 5일

지은이 김성환, 정재석, 박기황, 이필규, 오스티나 강

발행인 최윤서

편집장 김미영

디자인 신미연

마케팅 지원 김수경, 최수정

펴낸 곳 (주)교육과실천

도서 문의 02-2264-7775

인쇄 031-945-6554 두성 P&L

일원화 구입처 031-407-6368 (주)태양서적

등록 2020년 2월 3일 제2020-000024호

주소 서울특별시 중구 창경궁로 18-1 동림비즈센터 505호

ISBN 979-11-91724-11-0 (13370)

교사신 일러스트 김혜영(경기도 안성시 백성초등학교 교사)

책값은 뒤표지에 있습니다.

저작권법에 따라 한국 내에서 보호를 받는 저작물이므로 무단 전재 및 복제를 금합니다.

교육을
가로막는 벽

김성환·정재석·박기황·이필규·오스티나 강 지음

교육과실천

차례

3부 **DREAM! 우리는 아이들의 성장에 한 발씩 다가갑니다**

먼저 분명히 해두고 싶은 것이 있다. 우리는 교사의 업무가 많다는 투정을 부리려고 이 책을 쓴 것은 아니라는 점이다. 또 앞으로의 교육이 이런 방향으로 나아가야 한다는 정답을 제시하려고 한 것도 아니다. 지금의 대한민국 교육이 완전히 잘못되었으니 외국의 교육 사례를 좇아야 한다는 이야기를 하려는 것은 더더욱 아니다.

이 책은 시골의 작은 학교에서 근무하는 세 명의 교사와, 교사 노조 운동을 하는 한 명의 교사, 여기에 미국 테크놀로지 회사들에서 교육 사업을 맡아 하였으며, 지금은 스위스에서 살고 있는 오스타나 강이 함께 썼다.

나는 한 학년이 한 학급씩 전체 6학급뿐인 시골 학교에서 교사 생활을 하고 있다. 작은 학교에 있으면 내가 담임이자 학년 부장이니까 다양한 시도를 자유롭게 해볼 수 있다는 점은 좋다. 하지만 많은 교육 활동과 그 밖의 여러 가지 업무를 같이 해야 한다는 점은 힘들다.

2020년 1월 코로나19는 전 세계를 강타했고, 이 팬데믹 상황에서 가장 큰 변화를 겪은 곳이 학교라는 것에는 모두 동의할 것이다. 그 첫 번째 변화는 등교 중지와 긴급 돌봄이었다. 정부에서는 한국전쟁 때에도 하지 않은 등교 중지를 발표하더니, 1~2학년을 중심으로 긴급 돌봄을 시행하라고 안내했다. 이 책을 쓰기로 마음먹은 것은 바로 그때였다.

맞벌이 학부모들 중 저학년 아이를 학교에 보낼 수밖에 없는 가정에서 긴급 돌봄을 신청했고, 누군가는 이 아이들을 돌봐야 하는 상황에 놓인 것이다. 90명이 다니는 우리 학교에 교사를 포함한 교직원이 25명, 그런데 긴급 돌봄이 필요해서 학교에 나온 10명의 아이를 돌볼 사람이 없었다. 아이러니하지 않은가? 그 많은 예산을 학교라는 공간과 인력을 유지하기 위해 쏟아붓고 있는데, 10명의 아이를 돌볼 어른이 없다니. 그 순간 나는 무언가 잘못되었다는 생각이 들었다. 학교에 이미 25명의 어른이 있는데, 10명의 아이를 돌볼 강사를 뽑기 위해 공고를 내야 한다고?

학교에는 수많은 규정과 매뉴얼이 존재한다. 교육을 하는 교사와 총괄하는 교장, 관리하는 교감, 그 외에 사서 교사, 보건교사, 돌봄전담사, 행정실무사, 공무직 등이 각자의 자리에서 각자의 역할을 하고 있다. 그런데 위기 상황이 되어서야 겨우, 그 10명의 아이를 돌볼 사람이 없다는 사실을 깨달은 것이다. 과연 학교는 학교의 목적을 다하고 있는가? 라는 회의가 들었다. 어쩌면 학교의 목적을 다시 찾기 위해 규정과 행정 업무의 다이어트를 해야 하지 않을까, 하는 생각도 들었다. 그러나 책을 써야겠다는 생각을 실행에 옮기는 일은 마음먹은 것처럼 쉽지 않았다.

2021년에 우리 학교는 감사를 받았다. 그 과정에서 나의 업무상 과실이 두 가지 발견되었다. 하나는 6학년 수학여행 사전 답사에 학부모와 동행하지 않은 것이었다. 시골 학교에서 수학여행 사전 답사를 함께 갈 만한 학부모도 없었지만, 속초까지 가주십사 부탁하는 것도 만만치 않은 일이어서 장소에 대한 선호도 조사도 나 혼자 했고, 사전 답사도 나 혼자 다녀왔다. 그리고 아이들과 수학여행을 다녀왔고, 결과 보고서를 작성했다. 여기에 학부모가 동행하지 않은 과실을 지적받았고, 감사 결과지에 다시는 이런 과오를 반복하지 않겠다고 쓰고는 사인을 해야 했다.

두 번째 과실은 6학년 학생들이 졸업할 때 졸업 명부를 출력해놓지 않은 것이었다. 졸업 명부가 뭐 대단한 것인가 봤더니, 아이들 번호와 이름을 적은 명단이었다. 그 양식을 종이로 출력하지 않았다는 지적에 두 번째 사인을 하게 되었다. 그날 사인을 하면서 혼자 투덜거렸다. '아니, 전자 문서랑 나이스 시스템으로 바뀐 지가 언젠데, 아직도 종이로 출력해서 보관하라는 거야. 그 규정을 그대로 둔 교육청 담당자가 징계를 받아야 하는 거 아니야.'

그날 짜증과 분노가 치밀었다. 비록 수학여행 사전 답사에 학부모가 동행하지 않았고, 졸업 명부를 종이로 뽑아놓지는 않았지만, 아이들은 추억을 가득 남긴 안전한 수학여행을 다녀왔고, 감동적인 졸업식을 했다. 하지만 감사에서는 그런 이야기가 아무 의미도 없다는 사실에 허탈감을 느꼈기 때문이다.

누군가는 감봉을 당한 것도 아니고, 파면을 당한 것도 아니고, 그저 주의 조치를 받은 정도로 뭘 그러느냐고 반문할 수도 있다. 하지만 나는 두 번의 사인을 하면서 교사로서 사기가 꺾였고, 앞으로의 교육 활동을 기획하는 데 심리적으로 위축되는 느낌을 받았다.

바로 그날, 마음먹은 것을 행동에 옮기기로 결심하고, 같은 학교에 근무하는 교무부장과 연구부장을 만나 우리가 겪은 일들을 책으로 정리해보자고 제안했다. 또 외국 학교의 사례를 알고 싶어서 오스티나에게 궁금한 목록을 적어 보내, 관련 있는 분들을 인터뷰하고 조사해달라고 부탁했다. 그리고 평소에 학교 문제라면 누구보다 적극적인, 교육 운동을 하고 있는 후배 교사에게 우리나라의 다양한 사례와 대안을 고심해줄 것도 부탁했다.

수학여행 사전 답사에 학부모가 동행해야 한다는 것도, 졸업 대장을 종이로 출력해서 보관해야 한다는 것도 애초에 이유가 있어서 지침과 규정으로 만들어놓았을 것이다. '혹시나, 안전 때문에, 나중에 문제가 되니까, 계속 해왔으니까, 규정이 그러니까' 등 시간의 흐름에 따라 이런저런 이유로 만들어지고 보태진 지침과 규정은 뺄셈의 과정 없이 늘어만 왔고, 그 숱한 규정과 지침을 지키기 위해 학교의 교직원들은 오늘도 에너지를 쏟아야 한다.

하지만 어떤 규정과 지침들은 시대에 맞춰 바꾸어야 하고, 어떤 것들은 필요가 없어졌으니 빼도 되며, 또 어떤 것들은 보완하거나 새로 넣는 등 창의적으로 해결할 수 있겠다는 생각이 들었다. 교사로서 교육 활동 이외에 들어가는 불필요한 에너지를 줄이고, 그만큼 아이들에게 더 집중하고 싶었다.

한 명의 교사가 해야 하는 업무량은 사실 학교가 작을수록 커진다. 업무 총량을 1/N로 나누었을 때, 교사 수가 적은 시골 학교의 교사들이 더 많은 행정 업무를 해야 하기 때문이다. 도시와 달리 학교 말고는 교육 서비스를 받을 곳이 마땅치 않은 아이들이기에, 우리는 더 좋은 교육을 제공하고 싶었다. 이것이 용기를 내어 이 책을 쓰기로 결심한 가장 큰 이유이기도 하다.

우리의 이런 마음과 달리, 어쩌면 이 책을 읽는 분들의 마음을 불편하게 할 수도 있을 것이다. 특히 경기도교육청에서 발표한 업무 혁신 방안을 두고 갈등이 첨예해지고 있는 시기라서 더 염려가 된다. 하지만 '갈등'이 구성원 간 비난이나 업무 떠넘기기가 아니라 학교의 역할과 업무에 대한 정의, 구성원들이 어떻게 협력할 것인가에 대한 해답을 찾는 하나의 기회가 되었으면 한다.

1부에서는 교육과 학교가 해결해야 할 문제점들을 알아보고, 2부에서는 문제에 대한 해결책과 지금까지의 시도들을 살펴보았다. 3부에서는 지금보다 교육에 집중할 수 있는 환경과 문화가 만들어진다면 이루고 싶은 교사의 바람과 실천 과제들을 다루어보았다. 부디 이 책이 학교에서 일어나는 여러 문제들에 대한 해답을 찾고, 교사가 교육에 전념할 수 있는 환경과 문화를 만들어가는 데 조금이라도 도움이 되기를 바라본다.

저자들을 대표하여
양평초등학교 교사 김성환

WHY?
가르치는 일에
집중하지 못하게
하는 것들

바보야,
문제는 교육이야!

       몇 년 전 1급 정교사 연수[1] 때의 일
이다. 강사로 나선 장학사가 연수에 참석한, 경력이 얼마 안 된 교사들
에게 '교육과정이란 무엇인가?'라는 질문을 던졌다. 예상치 못한 질문에
다들 눈치를 보는 듯싶더니 한 교사가 불쑥 이렇게 대답했다. "0으로 맞
추는 것 아닌가요?" 잠시 정적이 흐르더니 이내 여기저기서 웃음이 터
져 나왔다. 질문을 한 장학사 또한 입가에 미묘한 웃음을 띠었다. 그렇
다, 웃는다는 것은 이 말의 의미를 알고 공감한다는 것이다. 이 책을 읽
는 당신이 교사라면 역시 고개를 끄덕이며 슬며시 웃을지도 모르겠다.
교육과정의 개념과 정의는 범위와 관점에 따라 다양하게 해석될 수 있
으니까 이에 대한 논의는 넘어가기로 하자. 그러나 저 말은 분명히 곱씹
어볼 만한 가치가 있다. 저 짧은 문장 안에 대한민국 학교의 맹점이 고스

란히 드러나 있기 때문이다.

　새 학기를 시작하는 3월이면 학교의 교무부장 또는 연구부장은 학교 교육과정 계획을 수립하기 전에, 각 학급 담임교사에게 연간 시수표를 요구한다. 시수표란 국어, 수학, 체육 등 각 교과에 배당된 법적 수업 시수에 맞게 해당 학급의 연간 수업 시수를 정리한 표다. 일별 또는 주별로 모든 교과의 시수를 일일이 수기로 기입하는 것은 꽤나 공력이 들어가는 일이라서, 대부분의 학교에서는 '이지에듀'나 '스쿨마스터' 같은 시수 편제를 도와주는 사설 프로그램을 활용하고 있다. 이때 프로그램에서 정한 시수에서 모자라게 입력하면 −로, 넘치면 +로, 정확한 시수를 채워 입력하면 0으로 표시되는데, 모든 교과 시수 입력 현황이 0으로 떨어져야 비로소 시수표가 완성된다. 즉, 위에서 말한 '0으로 맞춘다는 것'은 '각 교과(군)의 시수를 정확히 맞춘다'는 의미다. 교사가 교육과정 편제 규정에 의거, 각 교과의 시수표를 정확하게 작성하는 것은 공무원으로서 당연히 해야 할 일이지만, 다음과 같은 질문 앞에서 어떻게 대답할 수 있을까?

　① 학교와 학년 차원에서 교육의 방향을 수립하기 위해 토론하는 일보다, 기계적으로 시간을 끼워 맞추는 사소한 행정 행위를 우선한다면?
　② 교육과정을 계획·수립·검토하는 과정에서 당연히 논의해야 할 교사 개개인의 교육철학을 배제한 채, 법과 규정에 명시된 연간 안전

교육 시수니 학교폭력 예방 교육 시수니 하는 것들을 정확하게 입력하는 데만 급급하다면?

이것은 분명히 문제가 있다. 그리고 안타깝게도 이런 일들이 현재 대한민국 대부분의 학교에서 벌어지고 있다. 앞으로 최소 30년 넘게 우리나라의 교육을 책임질 젊은 교사들이 모인 자리에서 '교육과정이 무엇이냐'는 질문에, '시수를 정확히 맞추는 것'이라는 답변이 가장 먼저 튀어나왔다는 것은 이러한 현실을 정확히 반영하고 있다.

이번에는 우리 교육의 주요 화두 가운데 하나인 기초학력 문제에 대해 이야기해보자. 최근 코로나19의 확산으로 원격 수업이 장기화하면서 학력 격차가 더 심화되고, 기초학력 미달 학생이 급증했다는 분석이 나온다. 전국의 시·도 교육감들은 예외 없이 기초학력 문제를 최우선 과제로 선정하고, 이를 해결하기 위해 막대한 예산을 쏟아붓고 있다. 그렇다면 지금의 학교는 기초학력 부진 문제를 효과적으로 해결하고 있을까? 안타깝게도 그렇지 못한 것 같다. 그리고 그 원인은 교사 개개인의 자질 부족이라기보다 구조적인 문제에 있다고 생각한다.

가령, 학생마다 기초학력 부진의 원인은 다양할 수 있다. 인지능력의 문제일 수도 있고, 가정환경의 문제일 수도 있고, 정서적인 문제일 수도 있다. 경우에 따라서는 교육의 영역을 넘어서 심리 상담이나 치료의 영역으로 해결해야 할 수도 있다. 따라서 학교는 정확한 진단을 통해 원인을 분석하고, 개별적인 솔루션을 찾아서 처방해야 할 텐데, 교사들은 여기에 대해서는 고민할 여력이 없다. 주어진 예산을 행정적 절차와 규정에 맞게 처리하는 일만으로도 이미 벅찬 상태이기 때문이다.

결국 많은 학교에서 기초학력 지원 업무는 예산을 가장 편하게 처리할 수 있는 방향으로 흘러가고 있다. 강사를 한 명 선발하고, '방과 후 기초학력반'을 만들어서, 기초학력 부진 학생들을 한곳에 모아놓고 일괄적으로 가르치는 식이다. 그러니 효과는 미미할 수밖에 없다. 교사는 정체성 위기에 빠져서 해당 업무를 열심히 할 동기를 잃게 되고, 당연히 이는 공교육에 대한 신뢰 저하로 이어진다. 다음 표는 현재 대부분의 초등학교에서 기초학력 담당 교사가 실제로 맡고 있는 업무의 성격을 간단히 정리한 것이다.

초등학교 기초학력 담당 교사의 업무

구분	기초학력 담당 교사의 업무
강사 관리	– 기초학력 강사 채용 계획 수립(내부 결재) – 기초학력 강사 채용 공고문 작성 및 탑재 – 기초학력 강사 채용 심사(1차 서류, 2차 면접) 및 심사 결과표 수합 – 기초학력 강사 계약서 작성 및 계약 체결 – 이력서, 자기소개서, 경력증명서, 신체검사서 등 채용 서류 수합 – 기초학력 강사 채용 결과 보고(내부 결재) – 기초학력 강사 채용 관련 학교운영위원회 심의 자료 작성 및 안건 발의 – 기초학력 강사 출근부 및 근태 관리

예산	- 예산 운영 계획 수립 및 사업 계획서 작성(내부 결재 혹은 대외 공문 발송) - 간식, 교재 등 물품 품의, 구입 및 검수 - 예산 정산 보고서 작성 및 정산 서류 수합
기타 행정	- 3Rs(읽기, 쓰기, 셈하기), 한글 미해득 등 기초학습 부진 대상자 파악 및 통계 보고 - 기초학력 지원반 학생 모집 안내장 작성 - 기초학력 지원 관련 학생, 학부모 동의서 징수 및 수합 - 기초학력 지원반 관리(기자재, 교실 등)

문서 작성 및 수합 등 교육의 본질에 어긋난 행정 업무의 홍수 속에서, 정작 교사가 해야 할 가장 중요한 일인 기초학력 부진 학생에 대한 고민과 숙의는 끼어들 틈이 없다. 게다가 기초학력 담당 교사는 수업과 생활지도, 학급 운영 등 담임으로서의 업무를 동시에 수행해야 한다. 하나의 사업뿐만 아니라 추가적으로 다른 교육 사업 업무를 맡아서 처리하는 경우도 부지기수다. 기초학력 문제는 결국 학생을 가장 잘 이해할 수 있는 교사에게서 그 해결책을 찾아야 할 터인데, 정작 교사는 '교육 전문가'가 아닌 '행정 지원자'로서 노동력을 소모하고 있는 셈이다.

이 두 가지 사례는 현재 우리나라 학교에 만연해 있는 '왝더독' 현상의 전형이다. 왝더독은 '꼬리가 개의 몸통을 흔든다(The tail wags the dog)'는 속담에서 파생한 말로, 주객이 전도된 현상을 의미한다. 교육과정을 운영하면서 구성원들의 철학을 공유하고 논의하는 것보다 시수를 0으로 맞추는 기계적 행정 행위를 우선하는 것, 기초학력 부진 학생에 대한 본질적인 고민보다 강사 채용이나 예산 정산 등 행정적 절차에 매

몰되어 있는 것, 이 모두 교육기관인 학교의 정체성이자 존재 의의라 할 '교육'이, '행정'이라는 부수적 업무 행위에 잠식당하고 있는 적나라한 모습이다. 이런 일들이 벌어지고 있는 원인은 기형적인 업무 시간 배분의 문제 때문일 수도 있고, 교사를 포함한 구성원들의 인식 문제 때문일 수도 있다. 또 교사의 정상적인 교육 활동을 옭아매는 과도한 규정과 절차 때문일 수도 있다.

지금부터 학교에 왜 본말이 전도된 현상들이 만연해 있는지, 왜 대한민국의 교사는 나쁜 선생님이 될 수밖에 없는지 그리고 그 피해가 왜 고스란히 학생들에게 전가될 수밖에 없는지를 수업과 생활지도, 학교문화, 구성원 간의 관계 등으로 세분화해서 교사로서의 경험을 살려 자세히 풀어보고자 한다.

'잉여 시간'에
수업을 준비하는 교사들

나는 교원 임용 시험에 합격한 뒤 3월 17일자로, 한 도시의 대단위 초등학교(51학급)에 발령을 받았다. 발령 이틀 전, 교육지원청에서 발령장을 받고 설레는 마음으로 초임지가 될 학교를 방문했다. 교감선생님이 안내한 나의 첫 업무는 5학년 체육 전담과 관악부 운영이었다. 당연히 학급의 담임 업무를 맡으리라 예상했던 나는 적잖이 당황했고, 정식 근무까지 남은 이틀 동안 최대한 빠르게 체육 전담 교사가 갖춰야 할 최소한의 준비를 했다.

첫 번째로 백화점에 가서 질 좋은 운동복 상하의를 샀다. 두 번째로 현직 교사가 집필한 초등 체육 수업 관련 서적 몇 권을 인터넷 서점에서 주문했다. 세 번째로 발령받은 학교의 체육 전담 선생님께 연락하여 수업 공개를 부탁, 발령 하루 전날 수업을 참관했다. 이런 식으로 무턱대고 수업 공개를 부탁하는 것이 결례라는 사실은 훗날에야 알았다. 아마 그 선배 교사는 속으로 매우 당황했겠지만, 신규 교사의 치기 어린 부탁을 거절하기 어려웠을 것이다.

내가 담당한 5학년은 총 10학급이었다. 한 학급당 주당 2차시씩 20차시를 수업했으니, 동일한 내용의 체육 수업을 10번씩 2회 반복하는 것이었다. 따라서 한 주에 수업 연구는 두 번만 하면 되었고, 이 정도는 그리 큰 부담으로 다가오지 않았다. 특히 한번 준비한 내용으로 10학급 학생들을 수업한다는 사실은 큰 동기 부여가 되었다. 당시 한 학급당 35명 정도였으니, 내가 준비한 수업이 약 350명의 학생에게 영향을 미치는 셈이었다. 따라서 무슨 일이 있어도 수업 연구는 일정 시간을 들여서 꼭 하는 것을 원칙으로 삼았고, 방과 후에 아무도 없는 체육관에 가서 직접 활동을 해보면서 연구에 매진했다.

동일한 수업을 10회씩 반복하다 보니, 자연스럽게 스스로에 대한 수업 장학도 이루어졌다. 먼저 한 1~3개 학급의 수업에서 발견한 부족한 부분, 예상치 못한 학생들의 반응을 고려하여 발문 방식이나 교수·학습 전략을 수정하기도 했다. 때로는 일부 수업 계획을 변경하기도 하면서 수업은 점점 완성도를 높여나갔다. 초임 교사로서, 실시간으로 성장과 변화를 느끼기도 했다. 내 의지와 상관없이 체육 전담 교사로 교직을 시작했지만, 체육 수업에 흥미를 느끼게 되었고, 연달아 2년을 했다. 돌이켜보면 경력 10년이 넘어 학급의 담임교사로 있는 지금보다 더 자신감 있게 수업을 했던 것 같다.

당시 수업에 대한 자신감은 충분한 연구 시간 확보에서 발현되었을 것이다. 교사가 자신감 있게 수업을 하니 학생들이 좋아하는 것이 눈에 보였고, 그것이 교직에 대한 만족감으로 이어졌다. 그리고 다시 교사인 나의 적극적인 연구 활동으로 선순환하면서, 앞으로 만족스럽고 행복한 교직 생활이 펼쳐질 것만 같았다.

그런데 신규 발령을 받은 그해 가을에 변화가 생겼다. 2학년 한 학급에서 일어난 불미스러운 일로 담임교사가 직위 해제되면서, 졸지에 내가 해당 학급의 담임교사가 된 것이다. 역시 내 의지와 상관없이 벌어진 일이었다. 매우 특별한 방식으로 나는 담임으로서 첫 제자들을 만나게 되었다. 첫날은 당황스러운 마음을 간신히 가다듬으며 학생들을 파악하느라 적당한 교육용 DVD를 보여주며 보냈다. 갑작스럽다는 핑계로 계속 이런 식으로 할 수는 없었기에 둘째 날부터는 정상적인 교육과정을 운영해야 했다. 그러나 시간표를 확인하고, 교과서와 지도서를 분주히 펼쳐보던 나는, 더는 전담 교사 시절의 만족스러운 수업을 진행하기 어렵다는 사실을 깨달았다. 그 이유에 대한 답은 전담 교사와 담임교사의 업무량을 비교한 표와 초등 담임교사의 평균적인 일과를 타임 테이블로 정리한 표에서 확인할 수 있을 것이다.

전담 교사와 담임교사의 업무량 비교(초등학교 기준)

항목	전담 교사	담임교사
수업 시수	주당 20~21시간	주당 20~23시간
수업 과목	1~2개[2)	8~9개
생활지도	간헐적으로 발생	상시적으로 발생
상담	학생 상담 : 간헐적으로 발생 학부모 상담 : 거의 발생하지 않음	학생·학부모 상담 : 상시적으로 발생
기타 담임 업무	없음	있음

초등학교 담임교사의 일과(예시)

시간	구분	교사의 업무	시간(분)
08:40~09:00	아침 시간	− 등교하는 학생들 맞이하기 및 인사 지도 − 아침 독서 지도 및 과제 확인 − 학내 업무망(메신저) 통해 일일 업무 확인	20
09:00~09:10	조회	− 출결 확인 및 전달 사항 안내 − 안전 지도 등	10
09:10~09:50	1교시	− 담임 교과 수업	40
09:50~10:00	쉬는 시간	− 학생 관리, 특별실 학생 인솔	10
10:00~10:40	2교시	− **자율 업무 처리 시간**(전담 교과 수업)	40
10:40~10:50	쉬는 시간	− 학생 관리 및 지도	10
10:50~11:30	3교시	− 담임 교과 수업	40
11:30~11:40	쉬는 시간	− 학생 관리, 특별실 학생 인솔	10
11:40~12:20	4교시	− **자율 업무 처리 시간**(전담 교과 수업)	40
12:20~13:10	점심시간	− 급식실 학생 인솔 및 급식 지도, 점심 식사	50

13:10∼13:50	5교시	− 담임 교과 수업	40
13:50∼14:00	쉬는 시간	− 학생 관리 및 지도	10
14:00∼14:40	6교시	− 담임 교과 수업	40
14:40∼15:00	종례 및 청소	− 전달 사항 안내, 안내장 배부, 알림장 작성 등 − 하교 및 청소 지도	20
15:00∼16:40	방과 후	− 자율 업무 처리 시간	100
총합			480

다음은 앞의 일과표를 토대로 담임교사의 업무 성격을 세 종류로 분류하고, 각 업무에 소요되는 시간을 정리한 것이다.

초등학교 담임교사의 업무 성격 및 각 업무에 소요되는 시간

업무 구분	업무 시간(분)	비고
담임 교과 수업	160	담임 교과 수업 시간
학생 관리 및 지도	140	조·종례 시간, 쉬는 시간, 점심시간, 청소 시간
자율 업무 처리 시간	180	교과 전담 시간, 방과 후 시간
총합	480	

교사는 '수업과 학생 관리'라는 고정적인 일과에 따르는 교육 업무를 매일 반복해서 수행하는 직종이다. 일과표에서 '쉬는 시간'이나 '점심시간'은 학생이 쉬거나 식사를 하는 시간이라는 것이지, 교사가 쉰다는 의미는 아니다. 학생이 학교에 있는 한, 쉬는 시간이든 점심시간이든 교사는 학생 관리의 책임에서 벗어날 수 없기 때문이다. 다른 직종과 다르게

점심시간을 근무시간으로 인정받는 이유이기도 하다.

학교마다 조금씩 사정은 다르지만, 초등학교 저학년 및 중학년은 오전 9시부터 오후 1시까지(4교시 기준), 또는 오전 9시부터 오후 1시 50분까지(5교시 기준), 고학년은 오전 9시부터 오후 2시 40분까지(6교시 기준) 꼼짝 없이 몸이 묶여, 수업·생활지도·학생 관리 등 담임 업무를 매일 고정적으로 수행해야 한다. 중학년 및 고학년은 주당 4~6시간의 교과 전담 시간이 있기는 하지만, 이 시간을 포함하더라도 결국 하루 동안 담임교사에게 주어지는 소위 '자율 업무 처리 시간'은 최대 3시간에 불과하다. 이 시간을 활용해서 다음 날에 있을 수업 연구 및 교수·학습 자료 개발과 평가 업무를 처리해야 한다. 그리고 문제는 교사가 하는 일이 이게 다가 아니라는 데 있다.

담임교사가 '자율 업무 처리 시간'에 해야 하는 업무

담임 업무		기타 업무
학습 관련 업무	학습 외 업무	
– 수업 연구 및 계획 – 활동지 등 교수·학습 자료 개발 – 학습 결과물 평가 및 피드백 – 수행평가 등 문제 출제 및 채점 – '주간 학습 안내' 작성 – 교육과정 재구성 등 기타 교육과정 운영 관련 업무	– 학생·학부모 상담 – 출결 등 나이스[3] 기록 업무 – 학급 운영 물품 및 학습 재료 구입 – 작품 게시 등 교실 환경 구성 – 입학식, 졸업식, 축제 등 학교 행사 업무 – 기타 학생·학급 관리 업무	– 각종 공문 처리 – 각종 교육 사업 기획 및 운영 – 예산 계획, 운영, 정산 – 위원회 또는 교무 회의 참석 – 전문적 학습 공동체 등 교사 연수 참석 – 사전 답사, 교육청 회의 등 각종 업무 관련 외부 출장

표에서 보듯이 담임교사가 '담임 업무'만 오롯이 수행하기에도 3시간이라는 '자율 업무 처리 시간'은 매우 빠듯하다.

서울 교사 노조 정책연구원 장경주[4]는 2019년 3월 한 달간, 서울에 있는 초등학교에서 근무하는 담임교사가 수신한 학내 업무 메신저 분석을 통해, 담임 업무 시간 소요량을 산출했다. 담임교사가 수신하는 업무 메시지의 내용은 우유 및 급식 신청 수합과 통계 작성부터 학부모 e알리미 가입 독려까지, 매우 다양하고 전방위적이었다.

그리고 분석 결과, 수업 연구나 평가 등 학습 관련 업무를 제외한 담임 업무는 매일 평균 2시간에 달했다. 학기 말인 7월이나 12월과 아울러 3월이 교사들에게 가장 바쁜 시기임을 감안하면, 평균적으로 매일 1시간에서 1시간 30분을 수업과 관련 없는 업무에 쓰고 있는 것이다. 게다가 표에서는 '기타 업무'로 분류한 학년 회의나 기획위원회 등 회의 참석, 교육지원청의 공문 처리, 각종 계획서나 보고서 작성 등 교무 행정 업무까지 처리하다 보면, 결국 수업 준비는 완전히 뒷전으로 밀리고 만다. 교사들에게 수업이란 할 일을 다 하고 남는 '잉여 시간'에 준비하는 것이 되는 셈이다. 그리고 그 피해는 고스란히 아이들에게 전가될 수밖에 없다.

그럼에도 교사가
수업 연구를 해야 하는 이유

대한민국에서 교사가 되기 위한 기본 조건은 2급 정교사 자격증을 취득하는 것이다. 교육대학 또는 사범대학을 졸업하거나, 대학에서 교직 이수 또는 교육대학원에서 석사 학위를 취득하면 2급 정교사 자격증을 받는다. 여기에 국공립학교 교사가 되려면 임용 시험을 치러야 하는데, 2급 정교사 자격증이 있어야 응시할 수 있다. 그러나 우리 사회에서 교사라는 호칭은 이런 자격증 유무와 상관없이 쓰이고 있는 것 같다. 가정교사, 과외 교사, 학원 교사, 학습지 교사 등이 그렇다. 그만큼 무언가를 가르치는 일은 국가에서 발급하는 자격증과 별개로 누구나 할 수 있는 일인 것처럼 보이기도 한다. 하지만 누구나 가르칠 수 있다는 말이 누구나 잘 가르칠 수 있다는 말은 아니다. 잘 가르칠 수 있는 능력은 결국 교사의 전문성을 대변한다. 교사에 의해 잘 계획된 수업은 단순한 지식 전달의 효용성을 넘어서, 학생들에게 큰 깨달음과 감화를 주기 때문이다.

1990년대 말, '교실(학교교육) 붕괴'가 사회적 문제로 대두하면서 원인 분석과 문제 해결을 위한 다양한 연구가 이루어졌다. 상당수 연구가 교실 붕괴의 원인으로 학생들이 학업이나 수업 자체를 듣기 싫어하는 무관심[5], 학습 결손 누적으로 인한 기초학력의 부족[6], 학생들의 학교에 대한 기대심 저하, 억지로 외우게 하는 주입식 수업 방법[7], 학교를 더 이상 의미 있는 삶의 공간으로 생각하지 않게 된 사고방식의 증가[8]를 지목했다. 즉, 학생들이 학업에 대한 흥미를 잃을 때 교실 붕괴는 가속화하며, 결국 이를 해결할 수 있는 것은 교사의 수업 능력과 학교의 교육력을 끌어올리는 데 있다는 것을 확인할 수 있다.

김진한[9]에 따르면, 교사의 수업에 대한 열정은 학생들이 본능적으로 감지한다고 한다. 학생들은 교사의 열정에 따라 수업 태도를 다르게 취하며, 최선을 다해 열심히 가르치려는 교사의 수업에 임하는 학생들의 태도와 그렇지 않은 경우는 사뭇 다르다는 것이다. 굳이 이런 연구 결과를 들이대지 않아도 현직 교사들은 모두 경험으로 알고 있다. 수업 준비가 미흡했을 때 학생들의 냉소적인 눈빛과 반응이 얼마나 교사의 권위를 떨어뜨리고, 얼마나 자괴감을 불러일으키는지 말이다.

다시 2학년 학급 담임 때의 이야기로 돌아가 보자. 나는 아무리 시간을 쪼개고 화장실 갈 시간까지 아끼며 수업 연구에 매진을 해도, 도무지 퇴근 시간 안에 일을 끝낼 수가 없었다. 지도서와 아이들이 제출한 평가지, 일기장 따위를 양손 가득 들고 밤늦게 퇴근하는 일이 부지기수였다. 같은 학년의 선배 교사들은 각종 교무 행정을 처리하면서도 어떻게 저리 담담히 수업을 진행하는지 존경스러울 지경이었다. 그야말로 절대적인 시간 부족에 허덕이며 하루하루 힘겹게 수업을 '연명'하던 나는, 조언을 구하고자 옆 학급 선생님을 찾아갔다.

"선생님, 수업 준비할 시간이 너무 부족해서 힘이 드네요. 대체 다른 선생님들은 매일 어떻게 이 많은 수업을 준비하고 계신지 궁금해요." 가만히 듣고 있던 옆 학급 선생님이 말했다. "신규 때는 저도 힘들었던 것 같네요. 그런데 경력이 좀 쌓이면 특별히 준비하지 않아도 대충 말로 때울 수 있게 돼요." 예상치 못한 답변에 조금 맥 빠지는 기분이 들었다. 물론 그 선생님이 매번 준비도 없이 말로 때우는 수업을 하지는 않을 것이다. 또 모든 교사가 매번 이런 식으로 수업을 한다고 일반화하려는 것도 아니니 부디 오해는 하지 않았으면 좋겠다.

그러나 나 또한 점차 담임교사로서 경력이 쌓이면서 이 말의 실체를 알 수 있었다. 신규 교사 때처럼 수업 준비에 큰 시간을 할애하지 않고도 적당히 지도서나 교과서를 훑어보고 대략적인 수업 진행의 틀을 짤 수 있게 되었기 때문이다. 이것은 전문성이라기보다 일종의 요령에 가깝다. 여유가 조금 있으면 '인디스쿨' 같은 교사 커뮤니티에 공유해놓은 수업 자료를 찾아서 약간의 수정을 거친 후에 쓰거나, 활동 아이디어를 얻어서 적용하기도 한다. 문제는 이런 방식의 수업이 매우 분절적이고 파편적으로 이루어진다는 것이다. 가르쳐야 할 과목이 많은 데 비해 시간적 여유가 없다 보니, 하루하루 수업을 '때우기'에 급급해진다는 것이다. 다음 차시 수업 내용과의 연결성, 다른 교과와의 통합성, 학생들의 수준과 특성에 따른 개별적 교육과정의 운영, 발문 및 판서 계획 같은 고민은 무시되기 일쑤다.

언젠가 다른 직종에서 일하는 지인과 식사를 하면서 서로의 업무 이야기를 나눈 적이 있다. 지인은 교사들은 평생 '수업'이라는 한 가지 업무만 하는 것이 지겹지 않은지 물었다. 당시에는 괜한 논쟁을 피하려고 입을 꾹 다물고 있었지만, 사실 수업이란 생각만큼 그리 단순한 행위가 아니다. 흔히 수업이란 교사가 학생에게 정해진 시간 동안 지식을 전달하는 행위 그 자체만을 생각하기 쉬운데, 교육학적 의미에서 수업은 설계·계발·적용·관리·평가 등을 모두 아우르는 훨씬 복잡다단한 행위다.

교원 능력 개발 평가 : 교사 학습지도의 평가 영역·요소·지표(교육부)

평가 영역	평가 요소	평가 지표
학습지도	수업 준비	학습자 특성 분석
		교수·학습 전략 수립
		개별화 교육 계획 수립 및 운영
		교과 내용 분석
		수업 계획 수립

		수업의 도입
학습지도	수업 실행	교사의 발문
		교사의 태도
		교사-학생 상호작용
		학습 자료의 활용
		수업의 진행
	평가 및 활용	학습 정리
		학습 환경 조성
		학습 자료 및 매체 활용
		평가 내용 및 방법
		평가 결과의 활용

표에서 보듯이 하나의 수업을 실행하기 위해서는 사전에 학습자를 고려한 수업 전략과 계획 수립이 필요하며, 실행 후 평가 및 환류가 동반되어야 한다. 수업 각 단계에서의 발문 및 판서 계획 그리고 학생들의 특성을 고려한 모둠 구성 등 세부 전략은 해당 차시 수업의 성공 여부를 가르는 중요한 항목이다. 교사가 교원 임용 시험에 합격했다고 해서 전학년 전 과목의 교육과정 총론과 각론, 교수·학습 방법론을 꿰뚫기는 불가능하다. 매일 별도의 시간을 들여서 다음 날 있을 수업 목표와 내용을 확인해야 하고, 필요하면 교수·학습 자료를 새로 개발하거나 학생들의 현재 성취 수준을 고려하여 발문을 준비해야 한다. 같은 과목, 같은 차시의 수업이라도 학생들의 수준, 특성에 따라 수업 체계나 교수·학습법이 다르게 적용될 수 있기 때문이다. 지도서를 한번 쓱 훑어보는 것

으로 수업 연구를 대체하거나, 학생의 성취도만 확인하는 형성 평가로 평가를 하는 둥 마는 둥 해서는 안 되는 이유이기도 하다.

이처럼 교사의 전문성, 즉 교사의 수업 능력과 교육 능력은 학생과 학부모의 신뢰를 얻는 데에도 커다란 영향을 미치는 요소들이지만, 갖추기 쉽지 않은 능력이기도 하다. 물론 교육 당국도 이를 인지하고, 교사들의 전문성을 제도적으로 끌어올리기 위해 나름대로 노력하고 있다. 교사들에게 교수·학습 방법, 평가 방법 등과 관련한 각종 직무 연수를 이수하게 하거나, 교내 자율 장학, 동료 장학, 임상 장학을 의무화하는 식이다. 또 학교 내 구성원들이 정기적으로 모여 집단 토의를 통해 서로의 전문성 신장을 돕게 하는 학습 공동체를 운영하기도 한다. 한 해 동안의 교육 활동을 놓고 학생들과 학부모들이 교원을 평가하는 '교원 능력 개발 평가' 또한 이러한 노력의 일환일 것이다.

그러나 이들 방법이 근본적인 해결책은 되지 못한다. 교사가 수업 연구에 집중할 수 있도록 충분한 시간을 확보해주지 않은 상태에서 겉보기에만 그럴듯한 제도를 막무가내로 현장에 적용하는 것은 그야말로 '밑 빠진 독에 물 붓기'와 같다. 마치 공부할 시간이 제대로 확보되지 않은 학생에게 우수한 문제집만 들입다 풀라고 해놓고 성적이 오르기를 기대하는 것과 마찬가지다. 오히려 이런 제도들은 학교 현장에서 형식적으로 운영되거나 또 다른 불필요한 행정 업무로 되돌아오는 경우가 허다하다.

많은 교사가 교육청 원격연수원에서 운영하는 직무 연수를 켜놓고 음소거한 채 다른 업무 처리에 매달리고 있다. 또 자신의 의지와 상관없이 정기적으로 모여야 하는 학습 공동체 운영은 교사들에게 가뜩이나 부족한 시간을 더욱 빼앗는 불필요한 일로 각인되곤 한다. 게다가 연수 담당 교사는 연수를 계획하고, 보고서에 집어넣을 사진을 찍고, 교육청에 제출할 성과 보고서를 작성하느라 시간과 행정력을 소모한다.

교사가 전문성을 키우기 위해 노력해야 한다는 것도, 학생들에 대한 사랑과 열정을 가져야 한다는 것도, 다 좋은 말이고 응당 실천해야 할 일들이다. 그런데 이를 개선하기 위한 제도적 노력도 분명히 필요하다. 아무리 좋은 제도라도 먼저 교사에게 물리적으로 충분한 '시간'이 확보될 때 빛을 발할 수 있다는 사실을, 부디 교육 당국이 알아주었으면 좋겠다.

일 잘하는 교사와
업무 분장

　　　　　　　　　　　　교사들이 교육 당국에 하는 가장 절박한 호소는 '제발 수업에 집중하게 해달라는 것'이다. 이에 대해 행정직원 등 학교의 다른 구성원들이나 일반 국민은 '교사가 수업만 하겠다면 강사와 다른 게 무엇이냐?'고 되묻기도 한다. 초등학교 교사는 평균적으로 주당 21차시 수업을 한다. 1일 평균 4.2차시를 하는 셈인데, 이를 두고 하는 오해가 있다. 초등학교 1차시는 40분이니 시간으로 환산하면 40분×4.2차시=168분, 즉 1일 2.8시간. 하루 8시간 근무에서 3시간이 채 되지 않는 수업 시간에 집중하게 해달라고 하니까, 교사의 일을 잘 모르는 외부인들이 보기에는 그럼 하루에 3시간만 일하겠다는 거냐는 오해다. 그런데 교사들의 이런 주장은 애당초 잘못되었다. '수업에 집중하게 해달라'가 아니라 '교육에 집중하게 해달라'고 하는 것이 맞다. 법령에 명시된 교사의 임무는 수업이 아니라 '교육'이기 때문이다.

초·중등교육법 제20조(교직원의 임무)
④ 교사는 법령에서 정하는 바에 따라 학생을 **교육**한다.

그렇다면 '교육'은 구체적으로 무엇을 의미할까? 2006년 교육과학기술부(현재의 교육부)[10]의 답변에 따르면, 교육이란 '포괄적 의미의 교육, 즉 수업 자료 수집, 수업 지도안 작성 등 수업 준비, 협의의 교육(수업) 활동, 평가, 평가 결과의 추후 수업 준비에의 반영 및 학생 지도에의 피드백, 생활지도, 상담 활동, 기타 교육 활동과 연계된 활동(수행평가 결과 기록, 성적 처리, 교외 교육 활동으로서 소풍, 학예회 등 준비 및 학생 인솔, 지도) 등을 모두 포함하는 것'이다. 즉, 큰 범위에 해당하는 '교육'에서 수업은 일부분에 불과하다. 교육이라는 두 글자로 함축되어 있지만, 그 안에는 사실 훨씬 많은 의무와 책임이 담겨 있다. 그런데 과연 교사를 포함한 학교 구성원들은 법령에 명시된 교육의 임무를 제대로 인식하고 있을까?

종종 학교에서 "○○○ 선생님은 일을 참 잘한다"는 말을 하곤 한다. 일 잘하는 교사란 어떤 의미일까? '일 잘하는 목수'라고 하면 손재주가 좋고 나무를 잘 다뤄서 가구 같은 걸 정교하게 만드는 사람일 것이다. 마찬가지로 '일 잘하는 영업 사원'이라고 하면 수완이 좋아서 영업 실적이 높은 사람을, '일 잘하는 판사'라면 법조문 해석에 능하여 공정하고 정의로운 판결을 내리는 사람을 의미할 것이다. 이렇게 일을 잘한다는 것은 해당 직종에서 맡은 업무에 능숙하고 전문성이 뛰어난 것을 의미한다. 그렇다면 '일 잘하는 교사'는 교사의 주 업무인 교육 활동에 능숙한 사람이어야 한다. 즉, 수업에 일가견이 있거나 생활지도와 상담에 능한 교사를 의미해야 타당하다. 그러나 학교에서 흔히 말하는 '일 잘하는 교사'는 교육이 아닌 행정 업무를 처리하는 데 능숙한 교사를 일컫는 경우가 대부분이다.

신규 발령을 받은 지 얼마 되지 않았을 때의 일이다. 나이 지긋한 부장 교사가 다가와서는 '학교 일'을 잘 배우려면 내년부터 부장을 하는 게 좋을 거라고 말했다. 이어서 '학교 일'을 잘 배워둬야 나중에 교감으로 승진하기 수월하다며, 남자 교사가 승진해야 하는 당위성에 대해 장황하게 설명하기 시작했다. 여기서 '학교 일'은 교사 본연의 업무인 교육을 말하는 것이 아니다. 계획서, 보고서 따위를 유려하게 쓰거나 각종 행정 업무 절차에 숙달하여 규정에 저촉되지 않게 학교 행정을 처리하는 것을 말한다. 그 말대로 나는 내 의지와 상관없이 2년차부터 부장 교사가 되어 바쁘게 '학교 일'을 처리했다. 그리고 구성원들로부터 어느 정도 '일 잘한다'는 인정을 받아서, 그 뒤로도 담임교사보다 주로 전담 교사를 하면서 내리 4년을 부장 교사로 일했다.

하루는 한 선생님이 나에게 이렇게 말했다. "선생님은 큰일을 주로 해서, 나중에 작은 일을 할 때 오히려 어려울 수 있겠어요." 여기서 '큰일'은 부장 교사로서 맡는 각종 교무 행정, '작은 일'은 담임교사로서 학급 운영이나 수업 등 아이들을 대하는 일을 뜻한다. 교사들도 본연의 업무인 교육을 과소평가하고, 행정을 더 우위의 업무로 생각한다는 반증이다. 이런 인식을 가진 교사 일부가 교장, 교감과 같은 관리자가 되면서 기형적 사고 구조는 더욱 심화한다. 이를테면 급하게 처리해야 하는 공문이나 서류를 작성해야 하는 행정 업무가 있을 때, 교장이나 교감선생님 같은 학교 관리자들은 기한 내에 빨리 처리해달라고 교사를 닦달한다. 이때 교사들이 쉽게 선택하는 방법은 수업 시간에 학생들에게 자습하도록 하고, 업무를 처리하는 것이다. 특히 미술 시간은 행정 업무를 처리하기에 매우 적절한 교과다. M 교사는 이렇게 말한다.

"학년 말에 내년도 업무 분장을 하면서 교과 전담 과목을 정하는데, 원로 선생님 한 분이 미술을 전담하고 싶다는 거예요. 보통은 전문 교과 지식이 필요한 영어나, 실험 기구 등 상대적으로 수업 준비에 시간이 많이 필요한 과학 또는 체육을 전담으로 하는 편인데, 그분은 아무래도 그런 과목은 부담스러우셨던 거지요. 다른 교사들의 반대로 결국 그분의 소망은 이루어지지 못했습니다. 미술은 아이들에게 과제를 내주고, 교사가 다른 일 하기에 딱 좋은 교과인데, 굳이 전담을 둘 필요가 있느냐는 거였지요."

미술 교과에 할당된 2차시 동안 아이들에게 적당히 주제에 맞는 그림을 그리라거나 만들기 활동을 하게 해놓고, 교사는 행정 업무를 보는 것이다. 교육은 학생과 교사의 의미 있는 만남이어야 하는데, 이 과정에서

의미 있는 만남과 소통은 전혀 이루어지지 않는다. 그저 교사가 내준 과제와, 그 과제를 수행하는 학생들의 기계적인 행위만 있을 뿐이다. 이때 교사는 학생들의 과제 수행 여부만 확인할 뿐, 성장에 도움을 주는 구체적인 피드백을 제공하지 못한다. 공식적인 학교 교육과정의 소중한 2차시가 그렇게 소모되니, 의미 있는 배움이 일어날 리도 없다.

나 또한 비슷한 경험이 있음을 고백한다. 운동부 감사에 대비하여 각종 회의록, 훈련 계획서, 수익자부담금 정산 등 관련 서류를 정리하고, 미흡한 부분을 보충하느라 밤늦게까지 일했지만, 도저히 기한 내에 끝내기가 힘들었다. 당연히 다음 날 있을 수업 준비도 되어 있지 않았다. 결국 이건 어쩔 수 없는 일이라고 합리화하면서, 1교시부터 4교시까지 내내 아이들에게 영화를 보여주고는 일을 마무리했다. 영화가 끝나고 남은 시간은 영화 감상문이라는 명목으로 의미 없는 글쓰기를 하게 했다. 교장·교감선생님으로부터 기한 내에 서류를 준비하느라 고생했다는 칭찬을 받았지만, 결국 스스로 본연의 임무를 저버리고 아이들에게 피해를 끼친 교사가 되고 말았다.

학교에서 이런 일들이 빈번하게 일어나는 가장 큰 이유는, 교육은 당장 성과가 드러나지 않는 반면 행정은 그 결과물이 곧바로 눈에 띄기 때문이다. 가령 보고서나 공문서를 작성하는 일은 내용이야 어쨌든 띄어쓰기와 줄 바꿈을 제대로 했는지, 적절한 행정 용어를 사용했는지 등 그 만듦새만 보더라도 즉각적인 평가가 가능하다. 하지만 아무리 교사가 열과 성을 다해 한 차시 수업을 준비해서 실행한다고 해도, 그 성과는 당사자인 학생들의 가슴과 머릿속에서 점진적으로 일어날 뿐이다. 학교 관리자인 교장과 교감선생님들은 결국 눈에 띄는 행정 업무에 더 관심을 기울이게 되고, 교사들 또한 관리자나 교육청의 기대에 부응하는 방향으로 업무를 처리하게 된다.

학교의 교무 행정을 도맡아 하는 교무부장이나 연구부장은 이러한 부조리를 더욱 비일비재하게 겪는다. 교무부장이 주로 2학년 담임을 맡는 관행 또한, 저학년이라 수업이 일찍 끝나면서도 1학년보다 학교생활에 적응해 있어 생활지도 부담이 적다는 데서 기인한다. 한마디로 말해, 그나마 부담이 적은 학급을 맡게 해줄 테니 다른 학교 일을 많이 하라는 암묵적 동의다. 2학년 담임이 부담이 적다는 말에도 선뜻 동의하기는 어렵지만, 학년을 선정하는 일조차 행정 업무가 많고 적음을 기준으로 하는 것이 과연 옳은 일일까? 교육보다 행정을 우선하는 기형적인 시각은 일선 학교의 업무 분장에서도 여실히 드러난다.

2020년 경기도 K초등학교 교사의 업무 분장(일부)

부서	담당 학급	직	담당자	세부 업무
교육기획부	2-1	교사	이○○	교무 일반, 학교 평가, 학교 행사 계획 수립, 각종 위원회 운영, 의무 취학, 학생 포상(장학금), 학생 보호 인력 관리(승하차 도우미, 배움터 지킴이), 유관기관 교육 협력, 교원 단체, 학적, 돌봄 업무 지원, 연구실 관리 등

학교마다 조금씩 차이는 있겠지만, 전국 대부분의 학교가 이와 비슷한 형태로 업무 분장을 조직하고 있다. 인력 관리나 위원회 운영, 행사 계획 수립 같은 행정 업무만 나열해놓을 뿐, 그 어디에도 교사의 존재 의의이자 본연의 업무인 학급 교육과정 운영, 수업 연구 및 실행, 평가 계획 수립 및 평가 도구 개발, 생활통지표 작성, 학급 운영, 인성 지도 및 생활 습관 형성, 진로 지도, 학생 및 학부모 상담 등의 내용은 찾아보기 힘들다. 그저 '2-1 담임'이라는 짧은 문구로 이 모든 것을 대체하고 있을 뿐이다. 같은 학교 구성원이지만 업무 전체를 빠짐없이 구체적으로 기재하고 있는 행정 직원의 업무 분장과 대비된다.

2020년 경기도 K초등학교 행정 직원의 업무 분장(일부)

부서	직	담당자	세부 업무
교육행정실	주무관	김○○	– 학교 회계 지출(여비, 공공요금, 물품·용역·공사 대금 지급 등) – 물품·공사·용역·급식 재료 계약 체결 – 법인 카드 관리 및 자체 점검 보고 – 학교 회계 관련 지출 서류 정리 및 편철 – 학교 재정 홈페이지 공개(급식 재료비 집행 내역, 신용카드 사용 내역, 학교장 일반 업무 수행 경비 집행 내역 등) – 공유 재산 및 물품 관리, 교육시설재난공제회 – 각종 공공 구매 제도 운영 – 학교발전기금 접수 및 운용(공개) – 교육 통계 – 기록물 관리 – 매월 '안전 점검의 날' – 담당 업무 관련 보고 문서 처리

혹자는 어차피 교사로서 기본적으로 맡는 교육 업무가 공통적인데, 생략하는 게 무슨 문제냐고 반문할 수도 있다. 그러나 그것은 언어의 힘을 무시한 지극히 행정 편의주의적인 생각이다. 김춘수의 〈꽃〉이라는 시에서처럼 꽃은 꽃이라고 불러줄 때 비로소 꽃이 되듯이, 모든 사물은 언어를 떠나서 존재할 수 없다. 언어의 힘은 그만큼 강력하다. 마찬가지로 교사의 업무를 어떤 언어로 명시하느냐에 따라서 교사의 존재 의의가 달라질 수 있다. 지금처럼 교무·행정 업무로 가득 찬 업무 분장을 조직하는 것은 교사들의 정체성 인식에 오류를 불러일으킨다. 나아가 본연의 업무에 대한 교사들의 책임감을 약화하고, 수업을 뒷전으로 미룬 채 행정 업무를 우선하는 행위를 합리화하게 만든다. 일부 동료 교사가 행정 업무를 차 순위로 미루고 수업 연구를 우선하는 교사에게 '너만 혼자 수업하느냐?'는 식의 비난을 하는 것이 대표적이다.

어떤 관리자는 평교사 시절에 학급 담임을 하면서도 이런저런 행정 업무를 잘 처리한 것을 마치 무용담처럼 자랑하기도 한다. 나도 예전에 다 그렇게 일했으니 너도 그렇게 하는 게 당연하다는 식이다. 교사에게 주어진 물리적인 조건, 다시 말해 학급 담임 업무와 과도한 행정 업무를 동시에 완벽하게 수행하는 것이 명백히 어려운 상황에서, 그런 사실을 공공연히 떠벌리는 것은 결국 교사 스스로 본연의 업무를 포기했음을 '자백'하는 것과 같다. 분명 교사로서 '죄'를 지었지만, 교사 본연의 업무를 명시하지 않은 업무 분장표가 면죄부를 주고 있기에 가능한 일이다.

게다가 업무 분장표는 교사들끼리만 돌려보는 것이 아니다. 학교 내 다른 직렬인 행정 직원이나 공무 직원이 열람할 수 있고, 학교 홈페이지에 게시할 경우 학부모나 외부인이 볼 수도 있다. 학부모나 외부인은 그렇다 쳐도 행정 직원이나 공무 직원 같은 학교 구성원들조차 교사가 정확히 어떤 업무를 하는지 모르는데, 어떻게 서로를 이해할 수 있겠는가? 이는 교직원 간 업무 조정에 있어서도 교사들에게 절대적으로 불리하게 작용할 수밖에 없다. 어쩌면 교사들이 다른 업무는 전혀 하지 않고 '수업'만 하려 한다는 오해는, 이런 비정상적인 업무 분장에서 비롯한 것인지도 모른다.

교사는 학생을
얼마나 알고 있을까?

"○○이, 수업 끝나고 교무실로 와!"
상담을 할 테니 교무실로 따라오라는 담임의 말에 순간 정적이 흐르고, 해당 학생에게 시선이 집중된다. 그리고 여지없이 친구들의 다음과 같은 반응이 나온다. "너, 뭐 잘못했냐?"

이미 학창 시절을 지나온 사람들에게도 담임을 따로 만나는 일은 그리 달갑지 않은 기억으로 남아 있을 것이다. '수업 끝나고 교무실로 따라오라'는 담임의 말은 학생을 잔뜩 긴장하게 만든다. 실제로 예전의 상담은 주로 성적의 갑작스런 하락이나 학교 폭력, 불량한 생활 태도 같은 문제 상황이 발생했을 때, 여기에 대한 조사나 훈계, 지도를 하려고 이루어졌다. 학부모 상담도 마찬가지다. 담임교사가 학부모 상담을 한다는 것은 학생에게 무언가 커다란 문제가 있다는 의미로 받아들여졌다. 내일까지 학교로 부모님을 모시고 오라는 담임의 한마디는 그야말로 청천 벽력과 같았다. 이 정도까지는 아니지만, 지금도 학생 상담은 겉으로 드러난 문제를 해결하려는 차원에서 이루어진다. 그런데 상담은 문제를 해결하기 위해서만이 아니라, 예방하는 기능을 포함하고 있어서 매우 중요하다.

생활지도는 또 어떤가. 지금은 학교에서 생활지도를 총괄하는 교사가 생활부장, 인성부장이라는 직책으로 불리지만, 과거에는 학생주임이 맡았다. 보통 '학주'로 약칭하는 학생주임 교사는 학생들에게 두려움의 대상이었다. 단정한 용모와 복장, 두발 길이 제한 같은 규정들이 인격 도야와 건전한 학풍 조성이라는 명분 아래 생활지도라는 이름으로 강요되었기 때문이다.

현재 학교에서 이루어지는 생활지도 또한 여기서 크게 나아진 것 같지는 않다. 여전히 욕하지 않기, 복도에서 뛰지 않기, 친구와 싸우지 않기 등 주로 부정적인 행위를 차단하는 규범 준수 차원에서 시행하는 내용들이 주를 이루고 있다. 물론 학교도 하나의 사회조직으로서 학칙이 존재하고, 그것이 민주적 절차에 따라 수립·공포되었다면, 학생들이 따르도록 지도하는 것은 미래의 민주 시민을 길러낸다는 측면에서 교육적 의미가 있을 것이다. 어쩌면 한국의 학교는 사회학자 드리븐(R. Dreeben) 이 주장한 대로 '보편적 규범을 습득하는 사회화 기관으로서의 역할'을 충실히 수행하고 있는지도 모른다. 그러나 그것이 생활지도의 전부는 아니다.

교원 능력 개발 평가 : 교사 생활지도의 평가 영역·요소·지표(교육부)

평가 영역	평가 요소	평가 지표
생활지도	개인 생활지도	개인 문제 파악 및 창의·인성 지도
		가정 연계 지도
		진로 진학 지도 및 특기 적성 지도
	사회 생활지도	기본 생활지도
		학교생활 적응 지도
		장애 영역별 학교 특성에 따른 지도
		통합 교육 관련 지도
	상담 및 정보 제공	진로·진학 지도
		개별 학생 특성 파악
		심리 상담
	문제 행동 예방 및 지도	학교생활 적응 지도
		건강·안전 지도
	생활 습관 및 인성 지도	기본 생활 습관 지도
		인성 지도

표에서 보듯이 교사에게 요구되는 생활지도의 영역은 단순한 규범적 사회화보다 폭넓다는 것을 알 수 있다. 무엇보다 상담과 생활지도의 본

질적인 목적은 교사가 학생을 정확히 파악하는 데 있다. 교사가 학생의 개인 성향과 어떤 것에 흥미와 소질이 있는지를 알아야, 이를 바탕으로 개개인의 진로를 지도하고 조언할 수 있다. 또 학생이 학교생활에 적응하도록 돕기 위해 교우 관계나 학습, 가정생활에 문제가 없는지를 파악하는 것도 중요하다. 학생에 대한 교사의 이러한 이해가 뒷받침될 때 학생-교사 간 원활한 의사소통이 이루어질 수 있기 때문이다. 교사가 학생을 이해하고 관심을 가지면서 정서적인 지원을 해줄 때, 학생과 학부모들의 교사에 대한 신뢰도도 높아진다.

하지만 안타깝게도 현재의 학교 업무 시스템은 교사가 이러한 임무를 수행하기 어렵도록 되어 있다. 교사는 쓸데없이 분주하며, 많은 아이가 교사의 시야를 벗어난 사각지대에서 혼자 아파하거나 힘들어하고 있다. 아이들은 사춘기에 가까워지면서 고민이 늘거나 마음이 힘들어도 여간해서는 어른들에게 털어놓지 않는다. 결국 교사가 이를 먼저 발견하고 조치하는 것이 중요한데, 그러려면 평소에 세심하게 관찰해야 한다. 이를테면 어떤 학생이 최근 들어 매번 숙제를 해오지 않는다고 가정해보자. 학생이 해야 할 일을 하지 않았으니 교사에게 꾸지람을 듣는 것은 당연하다고 여길 수 있다. 그런데 이 아이에게는 남모르는 사정이 있을 수도 있다. 부모님의 잦은 싸움이나 가정불화로 학교 숙제가 더는 중요한 문제가 아니게 되었을 수도 있는 것이다.

문제를 겪는 아이들이 교사에게 직접 고민을 토로하는 경우는 거의 없고, 문제에 따른 변화는 매우 사소한 곳에서 나타난다. 보통은 갑자기 숙제를 성실하게 해오지 않는다거나, 옷차림이 달라진다거나, 표정이나 친구 관계에 미세하게 변화를 보이는 식으로 간접적이고도 사소하게 드러난다. 이런 변화는 교사가 평소에 여유를 갖고 지켜보지 않는 한, 어지간해서는 알아차리기 힘들다. 특히 최근에는 '개인 정보 보호'를 이유로, 교사가 학부모의 직업이나 구체적인 가정환경을 알기 더 힘들어졌다. 더더욱 교사의 세심한 관찰에 의존해야 하는 실정인 것이다.

담임을 맡았던 학생 중에 ○○이라는 아이가 있었다. ○○이는 성격이 거칠고, 매사에 좀 제멋대로였다. 흥미가 있는 만들기 같은 활동에는 제법 열심히 참여했지만, 그밖에 글쓰기나 사고를 요하는 활동에는 영 관심이 없어서, 교사가 뭐라고 하든지 자기가 하고 싶은 일에만 몰두하는 편이었다. 담임인 내게 예의 없게 구는 것도 일상다반사였다. 나 또한 한창 나이의 교사로서 아이들에게 그리 호락호락한 편은 아니었지만, ○○이의 돌발적인 행동에는 여러 번 당황했다. 내가 앞에 서 있는데도 교사용 의자에 털썩 앉아서 천연덕스럽게 쳐다본다거나, 다음 수업을 위해 판서해놓은 내용을 쓱 지우고 도망가기도 했다. 잘못을 저지른 아이들은 보통 교사의 화난 눈빛을 보면 선을 넘었다는 것을 깨닫고 곧바로 얌전해지는데, ○○이는 전혀 그렇지 않았다. ○○이의 그런 행동이 악의가 있어서가 아니라 관심을 끌기 위해서라는 건 알았지만, 업무가 잔뜩 밀려서 바쁠 때에는 너무 귀찮고 짜증스러웠던 것도 사실이다. 담임인 나에게 ○○이는 성미가 고약하고 지도하기 어려운 아이였을 뿐이다.

그러던 어느 날, ○○이는 예고도 없이 전학을 가버렸다. 전학 당일 아침, 어머니가 전화를 걸어 와서는 사정이 생겨서 아이가 할머니와 함께 살기로 했다고 전했다. 나중에 알고 보니 ○○이의 부모님은 오랜 기간 불화를 겪었고, 갑작스레 이혼을 하게 된 것이다. 항상 교과서와 공책 등이 너저분하게 들어 있던 ○○이의 사물함과 책상은 어느새 깨끗이 비어 있었다. 다른 선생님의 목격담을 들으니, 전날 오후 늦게 ○○이가 혼자 와서 책을 전부 정리해 갔다고 한다. 부끄럽게도 나는 그제야 ○○이의 사정을 이해할 수 있었다. 친구들에게 제대로 인사도 못하고 떠나야 했던 ○○이는 교실에서 홀로 책을 정리하며 무슨 생각을 했을까? ○○이를 끝까지 책임지지 못한 부모님, 제대로 살펴주지도 따뜻한 위로의 말 한마디도 못해준 담임을 보면서, ○○이는 어른들에 대해 어떤 생각을 했을까?

일반적으로 교사가 아침에 출근해서 교실에 들어가면, 맨 처음 하는 일은 무엇일까? 아이들과 어제 있었던 일 이야기하기? 아침은 먹고 왔는지 물어보기? 오늘 기분은 어떤지 살피기? 애석하게도 그렇지 않다. 대부분의 교사는 컴퓨터를 켜고, 어제 미처 처리하지 못한 계획서나 보고서 따위의 문서를 살펴보거나 업무 포털 사이트에 접속해서 교육청으로부터 온 공문이 없는지를 확인한다. 업무용 메신저에 새로운 메시지가 없는지, 보는 것도 중요한 아침 일과 중 하나다. 교사에게는 하루 평균 15~20통의 메시지가 들어오는데, 그 내용은 대개 통계자료, 연수 신청서 등 서류를 제출하라거나 장학사의 업무 협조 요청 등이다.

교사 중에서도 부장 교사는 주로 메시지를 보내는 쪽이다. 각 업무 부서의 부장 교사는 각종 계획서, 신청서 등의 서류를 언제까지 꼭 제출 해달라며 메시지로 읍소하기 바쁘다. 학년을 총괄하는 부장 교사는 아침부터 일정을 일목요연하게 정리해서 같은 학년 교사들에게 전달해야 한다. 그 바쁜 와중에 아이들의 인사도 받는 둥 마는 둥, 명색이 선생으로서 아이들의 인사를 아예 무시할 순 없으니까 입으로는 인사를 하면서도 시선은 모니터에 가 있다. 아이들은 교사가 바쁘고 정신없다는 걸 귀신같이 알아차리고, 슬금슬금 눈치를 보면서 친구들과 장난을 치거나 교실을 뛰어다닌다. 쉬는 시간의 모습도 별반 다르지 않다.

사실 아침이나 쉬는 시간은 교사가 아이들과 마음을 터놓고 일대일로 대화할 수 있는 거의 유일한 시간이다. 또 교사가 아이들의 생활상이나 교우 관계를 유심히 관찰할 수 있는 시간이기도 하다. 따라서 교사가 가만히 서서 아이들을 바라보는 것을 단순히 쉬고 있는 것으로 오해해서는 안 된다. 아이들을 향한 교사의 세심한 관찰은 충분히 의미 있는 교육 활동이기 때문이다. 특히 교우 관계가 남학생들에 비해 복잡하면서도 가변적인 고학년 여학생들에게, 이런 교육적 관찰법은 매우 유용하다. 평소에는 쉬는 시간마다 친구들과 수다 떨기에 바쁘던 여학생이 어느 순간 책상에 엎드려 있다거나, 혼자 물끄러미 친구들이 노는 모습만 바라보는 일이 잦아진다면, 교사는 더 예민하게 촉각을 곤두세우고 해당 학생에 대한 지도 방안을 마련해야 한다. 만약 교사가 너무 바빠서 아침 시간이나 쉬는 시간에도 컴퓨터 앞에만 몸이 묶여 있다면, 결국 이 모습을 전부 놓치고 말 것이다. 이는 마치 의사가 환자의 증상을 놓쳐서 적절한 치료를 하지 못하는 끔찍한 상황과 같다.

그러니 교사들에게 충분한 여유를 주자. 컴퓨터 앞에 앉아서 분주하게 키보드를 두드리는 것만을 일하는 모습으로 판단하는 지극히 행정적인 관점을 벗어던지자. 그 누구보다 아이들에 대해 잘 알고 있어야 할 교사가, 다른 일로 바빠서 아이들을 관찰하고 대화할 기회를 차단당하는 일이 더는 없어야 한다.

교대신과
교사신

                 체육 전담 교사를 맡아서 수업하던 시절의 일이다. 교무부장이 보낸 학교 축제 계획서의 역할 분담 내용을 보는데, '식가 지휘'에 내 이름이 쓰여 있었다. 학교 행사를 할 때, 보통 식가 지휘를 경력이 적은 교사가 맡기는 한다. 당시 나 말고도 그런 교사가 몇 있었지만, 내가 교대에서 음악을 심화 전공한 것을 알고 업무 분장을 한 모양이라고 생각했다. 명색이 전교생이 보는 무대에 올라가는 지휘자인데, 맹탕 같은 4/4박자 젓기를 할 수는 없었다. 그래서 교대 시절에 수강했던 합창 지휘법을 떠올리며, 행사 전날 집에서 애국가와 교가를 틀어놓고 리듬의 강약을 살리는 데 집중해서 맹연습을 했다. 다음 날 학생들 앞에서 선보인 지휘는 화제가 되었다. 내 지휘가 특출 나서가 아니라 매일 운동복만 입고 체육을 가르치던 선생님이, 어느 날 갑자기

정장에 넥타이까지 매고 근엄하게 지휘하는 모습이 꽤 낯설어 보였기 때문일 것이다. 한동안 아이들은 나에게 왜 갑자기 음악 선생님이 되었 냐며 질문 공세를 퍼부었다. 그만큼 교사는 학생들 앞에서 수없이 변신 해야 하는 숙명을 지니고 있다.

교대신과 교사신의 모습

* 출처 : 인터넷에 떠도는 '교대신'과 안성 백성초등학교 김혜영 선생님이 그린 '교사신'

　교대 출신이라면 누구나 '교대신(教大神)'이라는 그림을 알고 있다. 인 도 힌두교의 여신인 두르가(Durga)의 모습에서 따온 그림이다. 본래 두 르가는 8개의 팔에 활과 화살, 칼, 투창 등의 무기를 들고 있는데, 교대 신은 이러한 무기 대신에 교육과정 총론, 배구공과 피아노 건반, 팔레트, 단소 따위를 들고 있다. 한술 더 떠서 발에는 축구화를 신고, 축구공까지 밟고 있다. 즉, 교대생들이 교육과 관련한 다양한 기능을 대학에서 배우고 있음을 희화화한 것이다. 그러니 어제까지 체육을 가르치던 선생님이 오늘 무대에 올라가 애국가를 지휘하는 모습이 크게 이상할 것은 없다. 다방면의 재주를 익히고, 학생들 앞에서 다양한 모습으로 변신하는 것은 초등 교사의 숙명이니까. 사실 그보다 훨씬 이상한 일이 학교에서 벌어지고 있다는 사실에 주목해야 한다. 교사는 학교에서 학생들을 가르치고 지도하는 일만 하는 게 아니라는 불편한 진실이다.

첫째, 교사는 때로 인사 담당자가 된다. 방과 후 강사나 기초학력 강사, 보조 강사를 선발할 때 담당 교사는 채용 계획을 세우고, 이에 따라 채용 공고를 올리며, 서류 심사와 면접을 거쳐서 인력을 선발한다. 이력서, 신체검사서 같은 채용 서류를 받는 것도 교사이며, 계약서를 작성하는 것도 대체로 교사가 한다. 학급 운영과 더불어 갖가지 교육 사업을 담당하는 교사가 인사 업무까지 처리해야 하는 게 과연 타당한 일인가?

둘째, 교사는 때로 급여 담당자가 된다. 물론 교직원의 급여 업무는 보통 행정실에서 맡는다. 그런데 교사가 사업 담당자라는 이유로, 특별 강사나 협력 강사의 인건비를 직접 품의하는 사례가 빈번하게 일어난다. 간혹 교사가 주말 스포츠 지도를 하거나 방과 후 교과 보충수업을 할 경우, 본인의 인건비를 본인이 품의하는 웃기 힘든 사례도 있다.

셋째, 교사는 때로 행사의 사회자가 된다. 학생들과 전 교직원이 참여하는 학교의 중요한 행사로는 입학식, 졸업식, 학교 축제, 체육대회를 꼽을 수 있다. 이러한 행사의 사회는 대부분 교무부장이나 업무 담당 교사가 맡는데, 문제는 사회를 맡는 교사가 담임일 경우다. 결국 해당 학급의 학생들은 담임교사 없이 행사에 참석해야 한다. 비슷한 사례로 방송실 운영을 담임교사가 맡는 경우, 방송 조회가 있을 때마다 학급 아이들을 내버려두고 방송실로 달려갈 수밖에 없다.

넷째, 교사는 때로 시설 및 기자재 담당자가 된다. 많은 학교에서 CCTV 설치 또는 관리 점검 업무나 컴퓨터, 태블릿 PC 같은 교육기기의 보급·유지·보수·관리 등의 업무를 교사가 담당하고 있다. 이들 업무를 교사들에게 떠넘기는 논리는 간단하다. 이러한 시설이나 기자재가 학생들의 교육과 관련이 있기 때문이라는 것이다. 그렇다면 과연 학교에 교육과 관련이 없는 업무가 어디 있다는 말인가? 다음은 경기도 K초등학교에서 근무하는 K 교사의 지자체 교육 지원 사업 운영 사례다. 한 가지 교육 사업을 진행하면서 교사가 얼마나 다양한 역할을 수행하는지 알 수 있을 것이다.

"올해 지자체에서 지원하는 글로벌 국제 교류 사업을 맡으면서 프로젝트를 계획하고 운영하기 위해 외국의 여러 학교에 메일을 보냈습니다. 인도의 한 국제 학교에서 답이 왔는데, 학교의 이사장이었어요. 그리고 프로젝트 기획을 위해 원격으로 회의를 진행하는데, 교사가 아닌 교장이 참여하더라고요. 하나의 프로젝트를 수행하기 위해 다양한 학교 구성원이 역할을 분담해서 참여하는 모습이 인상적이었어요. 저는 프로젝트 기획부터 수업, 인력 채용, 물품 구입, 영상 편집 그리고 예산 정산까지 혼자 다 했는데 말이죠. 분명 저에게도, 아이들에게도 교육적으로 의미 있는 사업이기는 했습니다. 우수 사례로 선정되어 교육지원청에서 발표도 했고요. 그런데 내년에도 이 사업에 다시 지원할지는 의문입니다. 하나부터 열까지 모든 일을 도맡아서 하다 보니 힘든 건 둘째 치고, 정규 수업에 영향을 미치더라고요."

비유하자면 엔지니어가 자동차의 공학적 설계뿐 아니라 생산, 조립, 디자인, 마케팅까지 홀로 다 하는 셈이다. 우리의 학교에서는 이런 기본적인 분업조차 잘 이루어지지 않는 경우가 허다하다. 그야말로 '교대신'에 필적하는 '교사신'이라도 만들어야 할 판이다. 교사신의 손에는 학생들을 가르치는 분필과 더불어 계약서와 도장, 계산기, 행사용 마이크를 들리면 적당할 것 같다. 적어도 교대신이 손에 들고 있는 것은 학생들의 교육과 직접적으로 관련이 있는 것들이지만, 교사신은 그렇지 않다는 것이 차이점이라면 차이점이다.

과연 교사의
업무인가?

프로축구나 프로야구 같은 현대의
스포츠 구단은 보통 '프런트'와 '선수단'으로 이원화되어 있다. 선수단이
감독을 필두로 경기에 집중한다면, 프런트는 단장을 필두로 마케팅, 인
사, 예산 등 운영 지원에 주력한다. 《머니볼》이라는 영화의 주인공이 바
로 이 프런트를 총괄하는 단장이다. 영화에서 오클랜드 애슬레틱스의
빌리 빈 단장은 데이터베이스를 기반으로 한 저비용 고효율 전략으로,
하위권에 머물러 있던 팀을 디비전 시리즈까지 올려놓는다. 감독이나
선수들에 비해 눈에 띄지는 않지만, 보이지 않는 곳에서 많은 일을 수행
하는 프런트의 역할은 중요하다.

프로스포츠 구단에 비할 바는 아니지만, 학교 운동부라는 이름으로

축구, 야구, 농구 등 유소년 엘리트 구단을 육성하는 학교들이 있다. 보통 그런 학교에서는 운동선수 출신 전문 코치에게 선수 지도를 맡기고, 업무 담당 교사(주로 체육부장)가 운영 지원을 총괄한다. 이를 스포츠 구단에 비유하자면, 학교장이 대표이사 또는 구단주, 업무 담당 교사가 프런트, 전문 코치가 감독(지도자)의 임무를 수행하는 것이다.

나는 이런 축구부가 있는 학교에 발령을 받아서 5년간 축구부 담당 교사로 일한 경험이 있는데, 사실상 혼자 운동부의 프런트 역할을 다 했다고 봐도 무방하다. 축구부 코치 채용, 면접 등 인사 업무, 수익자부담금 징수 및 예산 계획 등 회계 업무, 선수 스카우트를 위한 홍보 현수막 게시, 타 학교 홍보 공문 발송 등 일종의 마케팅 업무까지 맡아서 했다. 그뿐인가, 타 지역으로 대회나 전지훈련을 갈 때면 적절한 숙소와 식당을 선정해야 하고, 안전한 시설과 위생을 갖추고 있는지 사전 답사한 뒤에 결과 보고서를 써야 했다. 또 학교운영위원회 심의 자료도 작성해야 하고, 코치 인건비를 포함하여 연간 1억 5천만에서 2억 원에 달하는 예산을 짜임새 있게 운영해야 하며, 학부모들에게 수익자부담금 활용 현황도 투명하게 공개해야 한다. 심지어 매년 코치들의 연봉 협상을 맡아서 계약서를 작성하고, 그들의 4대 보험 산정액을 행정실 직원에게 물어봐가며 1년 인건비를 계산, 이를 반영하여 예산 계획도 세워야 한다.

여기까지는 운동부 담당 교사가 수행하는 행정의 굵직한 부분만 나열한 것이다. 투명하고 교육적인 운동부를 운영해야 한다고, 교육 당국에서는 갖가지 의무 사항과 규정을 만들어냈다. 이에 따라 정기적으로 학부모 대상 운동부 설명회나 학교장 간담회 따위를 개최해야 하고, 체육 소위원회나 학생선수보호위원회를 조직·운영해야 한다. 금품 수수 등 청렴과 관련한 지도자 교육, 운동부 내 학생 인권 교육이나 폭력 예방 교육, 운동부 휴게실 안전 점검도 교사의 몫이다. 이 모든 사항을 교사가 운동부 연간 운영 계획에 반영해서 실행해야 한다. 다음 표는 과거에 축구부 담당 업무를 후임자에게 인계하면서 월별로 연간(2016년) 업무를 정리해놓은 것이다.

2016년 경기도 A초등학교 운동부 담당 교사의 월별 업무 내용

시기	업무 내용	비고
2016년 3월	– 운동부 연간 운영 계획 수립(수익자부담금 징수 계획 포함), 학교운영위원회 심의 – 운동부 정기 상담 프로그램 운영 계획 수립 (상담 교사 협조, 월 1회 실시) – 제1회 학부모 대상 운동부 설명회 개최 – 학부모, 코치 대상 청렴 교육 실시 – 엔트리선정위원회 구성 및 개최 – 2016 경기도 학생 체육대회 시 대표(축구) 선발전 참가 계획 수립 – 4월 수익자부담금 징수(내부 결재 후 안내장 발송) – 행정실 협조 – 3월 수익자부담금 집행 현황 학교 홈페이지 탑재 – 체육소위원회 구성 및 개최 수립	– 운동부 설명회 학기별 1회 이상 개최 – 체육소위원회 학기별 1회 이상 개최
4월	– 2016 경기도 학생 체육대회(축구) 및 전국 소년 체육대회도 대표 선발전 참가 및 지원 계획 수립 – 축구부 주말 리그 참가 계획 수립(2016.4.~9.)	– 주말 리그 출전 시 지도자 수당 품의(1일 1만 원)

4월	– 꿈나무 육성 지원금 관련 ○○시 지원금 공모 신청 　(축구부 약 300만 원) – 5월 수익자부담금 징수(내부 결재 후 안내장 발송) – 행정실 협조 – 4월 수익자부담금 집행 현황 학교 홈페이지 탑재	– 주말 리그 이동 　수단 협의
5월	– 축구부 (성)폭력 예방 교육 계획 수립 및 실시 – 축구부 코치, 학부모 임원 대상 학교장 간담회 실시 – 6월 수익자부담금 징수(내부 결재 후 안내장 발송) – 행정실 협조 – 5월 수익자부담금 집행 현황 학교 홈페이지 탑재	– (성)폭력 예방 　교육 연간 3시간 　이상 실시
6월	– 1학기 교육청 운동부 점검 – 운동부 점검표 관련 서류 준비 및 제출(공문 확인) – 7월 수익자부담금 징수(내부 결재 후 안내장 발송) – 행정실 협조 – 6월 수익자부담금 집행 현황 학교 홈페이지 탑재	– 운동부 점검 시 　장학사 학교 　방문
7월	– 2016 운동부 하계 전지훈련 운영 계획 수립(수익자부담금 　징수 계획 포함), 학교운영위원회 심의 – 2016 하계 전지훈련 및 경주 화랑대기 참가 관련 숙소 및 　식당 사전 답사(계획–실시–점검 서류 수합–결과 보고) – 2016 하계 전지훈련 및 경주 화랑대기 참가 관련 수익자 　부담금 징수(내부 결재 후 안내장 발송), 행정실 협조 – 8월 수익자부담금 징수(내부 결재 후 안내장 발송) – 행정실 협조 – 7월 수익자부담금 집행 현황 학교 홈페이지 탑재	– 하계 전지훈련 　관련 수익자부담금 　징수 시 코치 및 　축구부 학부모 　임원진과 협의
8월	– 2016 하계 전지훈련 및 경주 화랑대기 참가 관련 임장 지도 – 9월 수익자부담금 징수(내부 결재 후 안내장 발송) – 행정실 협조 – 8월 및 하계 전지훈련 수익자부담금 집행 현황 학교 　홈페이지 탑재	– 임장 지도 철저

9월	– 제2회 학부모 대상 운동부 설명회 개최 – 학부모, 코치 대상 청렴 교육 실시 – 10월 수익자부담금 징수(내부 결재 후 안내장 발송) – 행정실 협조 – 9월 수익자부담금 집행 현황 학교 홈페이지 탑재	

10월	– 2016 ○○군수기 경기도 축구 대회 운영 계획
	  (수익자부담금 징수 계획 포함), 학교운영위원회 심의
	– 2016 ○○군수기 경기도 축구 대회 참가 관련 숙소 및
	  식당 사전 답사(계획–실시–점검 서류 수합–결과 보고)
	– 2016 ○○군수기 경기도 축구 대회 참가 관련 수익자부담금
	  징수(내부 결재 후 안내장 발송), 행정실 협조
	– 2016 ○○군수기 경기도 축구 대회 참가 관련 임장 지도
	– 11월 수익자부담금 징수(내부 결재 후 안내장 발송),
	  행정실 협조
	– 10월 수익자부담금 집행 현황 학교 홈페이지 탑재
		– 대회 참가 관련
		  수익자부담금
		  징수 시 코치 및
		  축구부 학부모
		  임원진과 협의

11월	– 2학기 교육청 운동부 점검
	– 운동부 점검표 관련 서류 준비 및 제출(공문 확인)
	– 축구부 코치, 학부모 임원 대상 학교장 간담회 실시
	– 12월 수익자부담금 징수(내부 결재 후 안내장 발송)
	– 행정실 협조
	– 11월 수익자부담금 집행 현황 학교 홈페이지 탑재
		– 운동부 점검 시
		  장학사 학교 방문
		– 대회 참가 관련
		  수익자부담금
		  징수 시 코치 및
		  축구부 학부모
		  임원진과 협의

12월	– FC○○ 프로축구 구단과 유소년 구단 협약 관련 실무 협의
	  (지원금 등) 및 협약식 실시
	– 축구부 지도자 평가 계획 수립 및 실시
	– 축구부 지도자 재계약 및 급여 인상 문제 논의
	  (체육소위원회 개최 및 심의)
	– 축구부 지도자 재계약 불가 결정 시 계약 만료 1개월 전
	  불가 방침 통보
	– 2016~2017 운동부 동계 전지훈련 운영 계획 수립
	  (수익자부담금 징수 계획 포함), 학교운영위원회 심의
	– 2016~2017 동계 전지훈련 관련 숙소 및 식당 사전 답사
	  (계획–실시–점검 서류 수합–결과 보고)
	– 2016~2017 동계 전지훈련 관련 수익자부담금 징수
	  (내부 결재 후 안내장 발송), 행정실 협조
		– 동계 전지훈련
		  관련 수익자부담금
		  징수 시 코치 및
		  축구부 학부모
		  임원진과 협의

12월	- 2017년 1월 수익자부담금 징수(내부 결재 후 안내장 발송), 행정실 협조 - 12월 수익자부담금 집행 현황 학교 홈페이지 탑재	
2017년 1월	- 2016~2017 동계 전지훈련 참가 관련 임장 지도 - 2017 군산 금석배 전국 축구 대회 운영 계획 수립 (수익자부담금 징수 계획 포함), 학교운영위원회 심의 - 2017 군산 금석배 전국 축구 대회 참가 관련 숙소 및 식당 사전 답사(계획–실시–점검 서류 수합–결과 보고) - 2017 군산 금석배 전국 축구 대회 참가 관련 수익자부담금 징수(내부 결재 후 안내장 발송), 행정실 협조 - 2월 수익자부담금 징수(내부 결재 후 안내장 발송), 행정실 협조 - 1월 및 동계 전지훈련 수익자부담금 집행 현황 학교 홈페이지 탑재	- 대회 참가 관련 수익자부담금 징수 시 코치 및 축구부 학부모 임원진과 협의 - 임장 지도 철저
2월	- 2017 군산 금석배 전국 축구 대회 참가 관련 임장 지도 - 축구부 지도자 채용 공고→면접 심사→채용 계약→결과 보고, 학교운영위원회 심의 - 꿈나무육성지원금 정산서 제출(○○시청) - 3월 수익자부담금 징수(내부 결재 후 안내장 발송), 행정실 협조 - 2월 및 동계 전지훈련 수익자부담금 집행 현황 학교 홈페이지 탑재	- 지도자 채용 시 유의 사항 숙지
상시 업무	- 축구부 학부모 회장, 총무 등과 소통 - FC○○ 구단 관계자 및 축구부 코치와 소통 - 축구부 관련 학부모 민원 처리 - 축구부 학생 안전 및 생활 관리 - 축구부 휴게실 매월 안전 점검 및 체크리스트 작성 - 축구부 간식, 물품 등 구입 및 품의	

　　이것이 과연 학급 담임과 수업을 맡은 교사가 해야 하는 업무의 영역인지는 보시는 분들이 판단하기 바란다. 더 황당한 것은 교육 당국

은 교사에게 '프런트'뿐만 아니라 '감독' 역할까지 요구하고 있다는 것이다. 학생 선수나 학부모들은 관행적으로 운동부 지도자를 '감독님'이라고 부르지만, 규정상 이들의 정식 직위는 '코치'다. 공적인 문서에 운동부 '감독'이라는 직위는 사실 교사에게만 사용할 수 있다. 코치들은 방과 후에 선수들을 지도하지만, 전지훈련이나 대회 출전 시 학생들을 단독으로 인솔할 권한이 없고, 반드시 담당 교사가 책임자 또는 감독자로서 총괄하여 임장 지도해야 한다.

보통 다른 지역에서 개최하는 대회에 출전하거나 전지훈련을 갈 때에는 2주 넘게 체류한다. 이때 담당 교사가 임장 지도를 하지 않고 코치에게 인솔을 일임했다가 안전사고라도 발생하면, 책임 추궁을 당하는 사람은 담당 교사다. 요컨대 교사는 실질적으로 구단의 프런트 역할을 수행하고 있지만, 아이들을 지도해야 하는 '교사'라는 이유로 감독(지도자)으로서의 책임과 역할까지 요구받고 있는 것이다. 수업과 생활지도라는 교사 본연의 역할만으로도 벅찬데, 이런 비상식적인 업무 행위가 학교 현장에서 비일비재하게 일어나고 있다.

혹자는 이 같은 사례가 운동부 업무에만 한정된 극히 특수한 경우가 아니냐고 반문할 수 있다. 한데, 결코 그렇지가 않다. 업무의 규모나 형태에 차이는 있을지언정 비슷한 사례는 얼마든지 있다. 그렇다면 가령, 운동부 운영을 교사가 담당해야 한다고 할 때, 교사의 전문성을 가장 잘 살릴 수 있으면서 교사 본연의 역할에 부합하는 업무 행위는 무엇일까? 무엇보다 축구부 학생 선수 개개인의 특성을 파악하여 진로를 지도하거나, 상담을 통해서 고충을 들어주는 등 축구부 생활에 어려움이 없도록 교육적으로 지원하는 일이 아닐까? 그런데 지금은 교사가 담당해야 할 업무의 범위가 너무 넓어서 분주한 나머지, 정작 중요한 교육적 행위는 거의 이루어지지 못하고 있다.

교사들이 기피하는 '돌봄교실'이나 '방과후학교' 업무도 다를 것이 없다. 이러한 업무를 담당하는 교사들은 정작 교육과 직접적 관련이 없는 강사 채용 및 계약, 예산 계획 및 정산, 각종 통계 보고, 수강 신청, 수당 지급, 수강료 징수 및 환불, 전출입에 따른 행정 처리 등을 수행하느라 에너지를 소모하고 있다. 교사 입장에서 이런 일들을 기피하는 이유는 업무의 난이도가 높아서가 아니라, 교사 본연의 업무라 할 교육과는 성격이 전혀 달라서 동기와 성취도를 떨어뜨리기 때문이다.

특히 장경주(주4 참고)는 방과후학교 사업은 사교육비를 절감하겠다는 명분 아래, 국가가 교사들을 공짜 '경리' 인력으로 '동원'하고 있음을 지적했다. 정규 교육과정과 수업의 질을 향상시키는 데 써야 할 시간을 교육과 상관없는 각종 행정 업무에 동원함으로써 정작 중요한 교육의 질을 떨어뜨리고 있다는 것이다. 다음은 2019년 K중학교에서 방과후학교 업무를 담당한 C 교사가 2019년 2월부터 7월까지 6개월간 기안한 문서의 제목을 정리한 것이다.[11] 이 역시 교사의 타당한 업무 영역인지, 직접 보고 판단하기 바란다.

K중학교 방과후학교 담당 C 교사가 기안한 문서 목록(2019년 2월~7월)

월	일	문서 제목
2	1	방과후학교 난타반 준비물 구입(지출 품의)
2	7	2018학년도 4기 방과후학교 종강 강좌 강사비 지급 요청(지출 품의)
2	7	방과후학교 ○○구청 지원 사업(코디네이터 2월 수당 지급)
2	12	2019학년도 1기 방과후학교, 학교운영위원회 심의 안건 상정
2	13	방과후학교 준비 용품 구입(지출 품의)
3	4	방과후학교 강사 모집 채용 공고
3	13	교육경비보조사업 자율 평가 및 결과 보고서
3	18	2019학년도 1기 방과후학교 운영 및 수강료 납부 안내
3	19	2019학년도 1기 방과후학교 수강생 추가 모집
4	2	2019학년도 방과후학교 운영 계획 수립
4	2	방과후학교 코디네이터 위촉장
4	2	교육경비보조금 신청 프로그램 수정 계획서
4	2	2019학년도 방과후학교 운영 계획, 학교운영위원회 심의 상정
4	11	아동·청소년 교육기관 취업(예정)자에 대한 성범죄 및 아동 학대 관련 범죄 전력 조회 요청
4	19	'○○구청 방과후학교 지원 사업' 방과후학교 코디네이터 3월 수당 지급
4	25	2019학년도 1학기 방과후학교 컨설팅 신청
4	29	2019학년도 방과후학교(○○반) 활동 물품 구매
4	30	'○○구청 방과후학교 지원 사업' 방과후학교 코디네이터 4월 수당 지급
5	21	아동·청소년 교육기관 취업자에 대한 성범죄 및 아동 학대 관련 범죄 전력 조회 요청
5	21	2019학년도 1기 방과후학교 만족도 조사 실시

5	21	2019학년도 1기 방과후학교 수강생 대상 수강비 징수
5	22	아동·청소년 교육기관 취업자에 대한 성범죄 및 아동 학대 관련 범죄 전력 조회 요청
5	27	'○○구청 방과후학교 지원 사업' 방과후학교 코디네이터 5월 수당 지급
6	4	'긴급 방과후학교' 2016~2018학년도 집행 결과 학교운영위원위 심의 안건 상정
6	7	2019학년도 1기 방과후학교 수강생 대상 수강비 징수
6	19	2019학년도 2기 방과후학교 수강생 모집 가정통신문 발송
6	19	방과후학교 준비 물품 주문
6	25	2019학년도 1기 방과후학교 수강비 환불
6	25	2019학년도 방과후학교 코디네이터 6월 수당 지급
6	26	K중학교 2019학년도 '○○구청 교육경비 변경 계획(프로그램)' 제출
6	26	2019학년도 1기 방과후학교 강사비 지급
7	1	2019학년도 2기 방과후학교 외부 강사 모집 공고
7	2	2019학년도 1기 방과후학교 운영 결과 보고 및 2기 방과후학교 운영 계획 학교운영위원회 심의
7	10	2019학년도 2기 방과후학교 운영 및 수강료 납부 안내 가정통신문 배부
7	12	2019학년도 2기 방과후학교 운영 계획 및 여름방학 중 방과후학교 안전 관리 방안
7	12	2019학년도 1기 방과후학교 만족도 조사 결과 및 정산 결과 보고 및 공개 계획
7	16	2019학년도 2기 방과후학교 강사 강의 계획서 제출
7	16	2019학년도 2기 방과후학교 수강생 대상 수강비 징수
7	17	2018년도 교육경비보조사업 종료 및 정산 보고서 제출(K중학교 프로그램)
7	18	2019학년도 방과후학교 만족도 조사
7	18	2019학년도 2기 방과후학교 수강생 대상 수강비 징수(추가)

웰빙과 워라밸에 가려진
교사의 노동 구조

한때 '웰빙'이라는 말이 유행한 적이 있다. 최근에는 '저녁과 주말이 있는 삶이 필요하다'는 인식 아래, 일명 '워라밸(Work-Life Balance : 일과 개인 생활의 균형)'이 직장 선택에서 '연봉' 보다 중요한 기준으로 떠오르고 있다. 대한민국에서 웰빙이나 워라밸이라는 단어에 뒤따라오는 직업 하나를 꼽으라면 바로 교사가 아닐까? 4시 반에서 5시면 끝나는 이른 퇴근, 긴 방학을 떠올리면 일견 타당한 수식어인 것 같기도 하다. 웰빙과 워라밸이 중시되는 사회 분위기 속에서 교사가 10년 넘게 인기 직종 가운데 하나를 차지하고 있는 것도 사실이다. 2021년 2월 23일 교육부가 발표한 '2020 초·중등 진로 교육 현황 조사'에서도 교사는 초등학생의 희망 직업에서 3위, 중·고등학생의 희망 직업에서 1위를 차지했다. 이런 상황에서 '교사도 바쁘고 힘들다'고 항변하면, 대개는 복에 겨운 소리라며 무시당하곤 한다.

그런데 정말로 교사는 만족도가 높은 웰빙 직업일까? 이것은 질문 자체가 틀렸다. 교사뿐만 아니라 모든 직업에는 고유의 업무 성격이 있고, 그것이 자신의 성향과 맞느냐 맞지 않느냐에 따라서 만족도가 달라지기 때문이다. 아무리 근무 조건이 좋다고 해도 게임을 싫어하는 사람이 프로게이머라는 직업에 만족할 수 없는 것처럼, 아이들에 대한 관심과 교육에 대한 열정이 없는 사람이라면 교사라고 해도 결코 높은 만족감을 누릴 수 없을 것이다.

여느 직업과 마찬가지로 교육이라는 업무 행위도 누군가에게는 매우 즐겁고 보람된 일일 수 있지만, 반대로 누군가에게는 매우 고통스러운 일일 수 있다. 이것은 지극히 주관적이고도 정답이 없는 문제다. 이보다는 과연 현재 학교의 업무 시스템이 교사가 교육이라는 본연의 업무에 집중할 수 있는 환경인가, 그렇지 못한가를 따지는 것이 훨씬 합리적이며 생산적인 일이다.

경기도의 한 사립 초등학교에 근무하는 C 교사는 대기업에서 수년간 근무한 경력이 있다. 그는 소위 명문대 공대를 졸업하고 우리나라에서 최고라 손꼽히는 대기업에 입사했는데, 높은 업무 강도와 경직된 조직 문화에 지쳐서 퇴사했다. 그리고 다시 수능을 치러 교대를 졸업하고 교사가되었다. 지난 11년간 겪은 교사의 업무 성격에 대해 그는 이렇게 말한다.

"솔직히 제 기준에서 보면, 대기업에 다닐 때 업무 강도가 더 높았어요. 조직 문화도 대기업에 비하면 학교가 수평적인 편이고요. 급여는 그때보다 훨씬 적어졌지만, 이런 점에서 학교 근무에 어느 정도 만족하고 있는 건 사실입니다. 그런데 학교에서 10년 이상 일하면서 과연 교사로서의 전문성이 생겼느냐고 묻는다면, 선뜻 대답하기 어렵습니다. 회사에 다닐 때 품질관리팀과 소프트웨어개발팀에서 근무했는데, 일은 힘들어도 나날이 해당 업무에 대한 전문성과 자신감이 생기는 것을 실감했거든요. 그런데 교사에게는 교육과 관련 없는 잡무들이 너무 많이 들어와요. 단순히 업무 강도가 높다기보다 쓸데없이 시간을 빼앗긴다는 느낌이 강하게 들지요."

그는 대기업의 업무와 교사의 업무를 근력 운동에 비교하기도 했다. 대기업의 업무는 힘들어도 근육이 생기고 근력이 향상되는 운동이라면, 교사의 업무는 대부분 힘만 들고 근력이 전혀 생기지 않는 운동이라는 것이다. 꾸준히 운동을 하면 근력이 커지듯이 교육 업무에 집중하다 보면 교사로서의 전문성을 키울 수 있어야 하는데, 그럴 수 없는 물리적인 환경을 지적했다.

M 교사는 사범대를 졸업하고 서울 모 대학교에서 행정 직원으로 근무하다가, 다시 교대에 편입해서 임용 시험을 치르고 초등학교 교사가 된 경우다. 그는 다음과 같이 말한다.

"대학교에서 근무할 당시 교직원들의 급여와 계약·시설 관리 업무를 했습니다. 꽤 큰 대학이라서 일이 결코 적었다고는 할 수 없는데, 그래도 업무의 성격에 일관성이 있었어요. 사범대를 졸업했고, 가르치는 일에 미련이 남아서 결국 교사가 되었지만, 막상 해보니 교사의 업무 가운데 교육과 직접적 관련이 있는 일은 절반도 안 되는 것 같아요. 지금 학교에서는 정보부장과 돌봄교실 업무를 맡고 있는데, 통계나 수요 조사 같은 공문 요구가 너무 많아요. 수업 시간에 아이들에게 자습하라고 해놓고, 업무를 처리하는 경우가 더러 있습니다."

C 교사와 M 교사가 공통적으로 지적하고 있는 것은 단순한 교사의 업무량이나 강도 문제가 아니다. 업무량이나 업무 강도의 높고 낮음을 떠나, 현재 학교에서 교사에게 집중되는 업무가 교육 본연의 일에서 벗어나 있는 경우가 많다는 점이다. 엄기호[12]는 교사의 업무 특성에 대해 다음과 같이 말한다.

교사들의 노동 구조의 문제는 절대적 시간의 많고 적음이 아니라 노동하는 방식이 조각조각 파편화되어 있다는 데 기인한다. 그래서 교사들의 바쁨은 분주함에 가깝다. 이 일 저 일을 좌충우돌로 처리하다 보면 근무시간이 다 가게 된다. 정작 교사의 정체성이 실리는 일들은 오히려 소외되어 있는 것이다. 수업을 준비하거나 수업을 위해 교재를 연구하거나 또는 학생들의 이야기를 듣고 상담하면서 대책을 숙의하는 등의 일은 근무시간에서 밀려나 있다. 수업이나 학생들과의 만남에 충실하려는 교사들은 당연히 바쁠 수밖에 없다. (중략) 따라서 교사는 교사이고자 할수록 더욱 바빠진다.

엄기호 또한 교사의 업무 범위가 너무 넓어서 정작 교사의 정체성이 실리는 일, 즉 교재 연구나 학생 상담, 생활지도 같은 교사 본연의 업무들이 소외되고 있음을 지적한다. 애써 이러한 정체성을 지키려는 교사들은 더욱 바빠질 수밖에 없으며, 결국 교사 본연의 역할 수행을 교사 개개인의 열정에 기댈 수밖에 없는 현실인 것이다.

평생을 공교육과 글쓰기 교육에 바친 이오덕 선생은 1962년부터 2003년 돌아가실 때까지, 마흔두 해 동안의 삶의 발자취를 일기로 남겼다. 그중 어느 날의 일기[13]를 소개해본다.

1967년 4월 3일 월요일
'장학 실적 보고서'란 것을 달마다 내기로 되어 있는데, 그 내용을 보니 항목이 마흔 몇 가지요, 온갖 실적의 통계를 백 가지 가깝게 내게 되어 있다. 어느 학교에서도 숫자만 적당히 보고하지 않을 수 없도록 그렇게 많은 일을 시키고 있다. 어느 겨를에 아이들 교육을 하랴?
아침 첫 시간에 아이들은 버려두고, '원장 조성 계획'과 '식목 계획'을 한다고 계원을 불러 밖을 둘러보았다. (중략) 이번에는 10시까지 보고하라는 '보건 시설 현황 보고'를 또 계원과 의논하고 있으니 전입 학생이 있다고 서류가 들어왔다. (중략) 보건 시설 보고는 계원에게 맡겨두고 교실에 갔더니 교실이 온통 야단법석이다. 싸운 놈, 장난 치며 돌아다닌 놈, 무엇을 잃었다고 우는 놈…. 이런 판이 된 것이다. (중략)

둘째 시간에는 저금과 기성회비, 특별회비들을 받고 있는데 종을 쳐 서 시작이 됐지만, 계원이 '보건 시설 현황 보고'를 다 썼다면서 던져 놓고 가버린다. 또 아이들은 그냥 두고 청부 김 씨를 불러, 이걸 빨리 교육청에 가져가라고 소리쳐놓고 돌아오니 "선생님 공부합시다" 하고 야단이다. 그렇지, 공부를 해야지. 그러나 날마다 이 장단이니 어찌 공부가 되겠나. 짜증만 난다. 아직도 월말 보고, 장학 실적 보고, 그 밖에도 무슨 보고, 보고가 수두룩하다. (중략)

셋째 시간과 넷째 시간에도 나는 틈을 내어 사무를 봤다. 아이들이 칠판에 써놓은 문제를 풀 동안, 그림을 그리는 동안, 나는 아이들이 공부하는 것을 살펴볼 수가 없었다. (하략)

교사들은 알 것이다. 정도의 차이, 업무 내용에 차이는 있을지언정 50년 이 넘은 저 시절의 교단 일기와 현재가 다르다고 말할 수 없다는 것을. 까 마득한 시절 선배 교사의 푸념이, 강산이 다섯 번이나 변한 이후에도 여 전히 후배 교사들의 목소리를 통해 나오고 있는 현실이 서글플 뿐이다.

안전과 절차의
역습

2017년에 전국의 교사들을 들끓게 한 사건이 있었다. 이른바 '대구 초등학생 현장 체험학습 휴게소 사건'이다. 사건의 경위는 이렇다. 대구의 한 초등학교 6학년 학생들이 담임교사와 함께 버스를 타고 현장 체험학습을 가고 있었다. 여학생 한 명이 급한 용변을 호소하자, 담임교사는 버스 기사에게 갓길 주차를 요구했다. 그런데 버스 기사는 안전을 이유로 거절했고, 결국 담임교사는 여학생이 버스 뒷좌석에서 용변을 보게 했다. 이후에 수치심을 느낀 여학생은 체험학습을 가지 않겠다고 했고, 담임교사는 부모님과 통화한 뒤에 휴게소 커피숍으로 학생을 보내 기다리게 했다. 여학생은 그곳에서 약 1시간 동안 홀로 어머님을 기다렸고, 격분한 부모님은 담임교사를 경찰에 고소했다.

해당 교사는 1심에서 아동복지법 위반 혐의가 인정되어 벌금 800만 원을 선고받았다. 이에 더 이상 교직을 맡지 못할 위기에 처했지만, 항소심에서 벌금 300만 원의 선고유예 결정이 내려지면서 겨우 교직을 이어나갈 수 있게 되었다. 당시 인터넷에서는 교사의 과실과 처벌 여부를 두고 뜨거운 갑론을박이 벌어졌다. 당연히 가장 민감하게 반응한 쪽은 교사들이었다. 무엇보다 내가 그 당사자가 될 수 있다는 위기감이, 교사들의 공격적인 반응을 이끌어냈을 것이다. 지금 여기에서 교사와 학부모의 행동과 대처가 적절했는지, 해당 사건에 대한 판결이 합당했는지를 논하려는 것은 아니다. 그보다는 이러한 사건이 발생할 때마다 교사들의 적극적인 교육 활동 의지가 꺾이고 위축된다는 사실에 초점을 두고 이야기해보려 한다.

만약 이 사건의 교사가, 또는 학교에서, 현장 체험학습을 기획하지 않았다면 어땠을까? 당연히 그런 사건이 일어나지도 않았을 테고, 해당 교사가 재판정에 서는 일도 없었을 것이다. 많은 학교와 교사가 현장 체험학습을 부담스러워하는 것도 사실이다. 다만 현장 체험학습도 교육의 한 형태로 바라보는 사회적 시각과 학생 및 학부모의 요구가 있기에, 학교 입장에서는 이를 완전히 무시하기는 어렵다. 일부 교사는 보다 과격하게 '현장 체험학습 무용론'을 주장하기도 한다. 1970~80년대 경제적으로 넉넉하지 못했던 시절에는 문화적 체험 기회로서 당위성이 충분했지만, 주말이나 방학에 가족 단위의 견학이나 여행이 일상화된 지금은 사정이 다르다는 것이다.[14]

그러나 나는 이 의견에 동의하지 않는다. 경험상 현장 체험학습은 교실을 넘어서 배움을 촉진하는 최고의 교수·학습법 가운데 하나라고 보기 때문이다. 단, 교육과정과의 연계를 통해서 교사에 의해 치밀하게 계획되어야 한다는 전제가 붙는다. 가령 5학년 2학기 사회과 교육과정 중 병자호란[15]과 연계하여 남한산성을 견학한다면, 당시에 인조가 왜 읍성인 한양도성을 버리고 남한산성으로 피신했는지 자연스럽게 이해할 수 있게 된다. 아울러 사료적 가치가 있는 역사적 장소를 직접 탐방함으로써 관련 인물과 사건에 대한 이해도 높일 수 있다. 학교에서의 배움과 역사적 장소 탐방을 교육적으로 연결하는 경험은 가족 여행을 통해서는 좀체 구현하기 힘든 부분이다. 게다가 친구들과 함께 버스를 타고 가서 도시락을 먹고, 이야기를 나누는 경험 자체가 학생들에게 평생 잊지 못할 추억을 선사한다. 이 또한 무시할 수 없는 현장 체험학습의 중요한 교육적 가치라고 할 수 있을 것이다.

그럼에도 많은 교사가 현장 체험학습을 기피하는 이유는 바로 '안전'과 '절차' 문제 때문이다. 교사는 안전에 대한 책임을 전적으로 떠안아야 하는 부담과 복잡한 절차로 인해, 현장 체험학습을 교수·학습 활동이라기보다 과중한 행정 업무로 인식하게 된다. 안전과 절차, 이 두 문제에 대해 교사들이 입버릇처럼 하는 말이 있다. 하나는 '열심히 하면 사고가 난다'라는 것이다. 애초에 교사가 아이들을 교실 밖으로 데리고 나가지 않는다면, 안전과 관련한 불확실한 변수로 곤경에 처하는 경우의 수 자체를 원천 봉쇄할 수 있기 때문이다. '대구 휴게소 사건'과 같이 안전과 관련한 각종 사건 사고가 언론에 이슈화될수록 교사들의 방어 심리는 심화된다. 반대로 교사는 원하지만 관리자가 안전사고에 대한 부담을 이유로 체험학습을 승인하지 않는 경우도 있다. 다음은 기간제 체육 전담 C 교사의 사례다.

"평소 티볼에 관심이 많았던 저는 매일 아침 스포츠클럽 운영의 일환으로 티볼을 지도했습니다. 누가 시켜서가 아니라 제가 좋아서 한 자발적인 일이었죠. 아이들의 실력이 일취월장하면서 한국티볼연맹에서 주관하는 티볼 대회에 나가고 싶다는 욕심이 생겼습니다. 단순히 대회 입상 여부를 떠나, 다른 학교의 학생들과 교류하는 것도 교육적으로 큰 의미가 있을 거라고 생각했기 때문이에요. 아이들도 기대를 많이 했고, 학부모들의 동의도 전부 받았습니다. 하지만 교장선생님께서 허가해주지 않으셨어요. 정규 교육과정도 아닐뿐더러 주관 단체도 교육청이 아니다 보니, 안전사고가 발생할 경우 학교가 책임을 추궁당할 수 있다는 게 이유였죠. 저도 그랬지만, 무엇보다 아이들이 크게 실망했습니다."

경기도교육청에서 2021년 각급 학교에 하달한 17쪽짜리 현장 체험학습 운영 지침[16]에는 '안전'이라는 단어가 무려 155회나 등장한다. 한 쪽에 거의 열 번 넘게 '안전'을 언급한 셈이다. 아예 문서의 제목부터가 〈안전한 현장 체험학습 운영 지침〉이다. 물론 안전이 중요하다는 데 이견은 없다. 그러나 교육보다 안전 자체가 목적이 된 느낌이 들어서 씁쓸한 뒷맛을 남긴다. 사실 학교 입장에서 가장 안전한 것은 앞서 말한 것처럼 아예 나가지 않는 것이기 때문이다.

두 번째는 현장 체험학습과 관련한 절차가 너무 복잡한 데서 기인한 '그럴 거면 안 하고 말지'라는 체념에 가까운 말이다. 현장 체험학습을 가려면 담당 교사가 먼저 사전 답사를 해서 장소의 안전에 대한 위험 요소를 모두 확인해야 한다. 교사가 지자체 안전 담당 공무원도 아니고 식약청 직원도 아닌데, 숙박 시설이나 식당에 가서 안전과 위생을 점검하고, 관련 서류를 챙겨 와야 하는 것이다. 이 모든 걸 확인하고, 사전 답사 결과 보고서까지 제출해야 겨우 현장 체험학습을 추진할 예비 작업을 끝낸 정도다.

이후 학생 안전 교육 등 안전 대책을 수립하고, 학교운영위원회 심의를 통과해야 하며, 참가하지 않는 학생에 대한 지도 대책까지 수립해놓아야 겨우 일단락된다. 이후에도 체험학습 운영 계획서 작성 및 예산 집행 계획, 활동에 대한 학생·학부모 수요 조사 및 사전 동의, 여행자 보험 가입 등 관련 행정 절차가 끝도 없이 이어진다. 이 과정에서 교육과정 연계 방안이나 체험학습 프로그램 기획처럼 교사로서의 전문성을 발휘해야 하는 업무는 뒷전으로 밀린다. 결국 교사들은 현장 체험학습을 아예 가지 않거나 형식적으로 운영하거나, 양자택일해야 하는 상황에 몰린다. 다음은 농촌의 소규모 학교에서 현장 체험학습 업무를 맡고 있는 L 교사의 사례다.

"교육과정과 연계하는 측면을 고려하면 학년 또는 학급 단위로 담임

교사가 체험학습을 운영하는 것이 바람직하다고 생각해요. 한 교사가 학교 전체의 체험학습 업무를 몰아서 담당하는 것은 순전히 업무의 효율성 때문이지요. 절차가 워낙 복잡하니까 교육과정 연계 같은 건 사치스러운 고민일 뿐이고요. 어디가 가장 안전한지, 동시에 전체 학년이 가도 불만이 나오지 않을 만큼 프로그램이 무난한지에 초점을 두고 운영합니다. 지금은 코로나 상황이라서 체험학습을 가지 않지만, 그 전에 우리 학교는 매년 고구마 캐기, 딸기 농장 같은 농촌 체험학습을 실시했어요. 농촌에 사는 아이들이라 집에서 매일 보는 게 그런 건데도 말이죠."

외국에도 비슷한 연구 결과가 있다. GRIFFIN & SYMINGTON[17]에 따르면, 오스트레일리아에서 무작위로 선발한 12개 학교의 체험학습을 면밀히 관찰한 결과, 대부분의 학교가 교육과정과 연계되지 않은 형식적인 체험학습을 운영했다고 한다. 그만큼 현장 체험학습은 교사의 자발적인 노력과 높은 전문성을 요구하는 영역이다. 전문성을 발휘하도록 장려해도 모자랄 판에, 교사에게 안전에 대한 과도한 책임을 덧씌우거나 복잡한 절차로 적극적인 교육 활동을 옭아매서는 안 될 일이다. 철학자 존 던스 스코투스도 '필요 없이 복잡해서는 안 된다(plurality should not be posited without necessity)'고 했다. 이는 규정이나 절차에도 적용할 만한 말이다. 규정과 절차가 너무 복잡하면 정작 중요한 것을 놓치게 되기 때문이다. 앞으로는 교육 현장에서 '열심히 하면 사고 난다', '이럴 거면 그냥 안 하고 말지' 같은 자조 섞인 말들이 사라지기를 소망해본다.

학교 안
불편한 동거를 넘어

발령을 받은 지 1년이 채 되지 않은 신규 교사 때의 일이다. 수업이 끝난 오후, 연구실로 전화가 걸려왔다. "감사합니다. 5학년 연구실 교사 ○○○입…." 말이 끝나기도 전에, 잔뜩 화가 난 말투로 다짜고짜 타박하는 목소리가 울렸다. "선생님! 일을 그렇게 하시면 어떡해요?" 나보다 나이가 지긋한 행정실 징수 담당 주무관[18]이었다. 어안이 벙벙해진 내가 정신을 차리기도 전에 또 속사포처럼 공격이 이어졌다. 아마 내가 운영하던 관악부 학생들의 수익자부담금 징수 처리에 문제가 생긴 모양이었다. 그게 그렇게 화를 낼 일인가, 하는 생각이 들면서도 무엇보다 그가 사용하는 '징수 결의'니, '반환 결의'니 하는 생소한 행정 용어 때문에 말의 요지를 이해할 수 없었다. 나는 얼른 마음을 가다듬고 정중하게 부탁했다.

"주무관님, 죄송하지만 제가 잘 모르는 용어를 쓰셔서 말씀하시는 내용을 이해하기가 어렵습니다. 교대에서나 신규 교사 연수 때나 그런 용어는 배운 적이 없어서요. 조금 쉽게 설명을 해주시겠어요?" 예상치 못한 반응이었는지, 그는 약간 당황하는 기색을 보이더니 다소 누그러진 어조로 차근차근 설명하기 시작했다. 결국은 본인이 착각했다는 것을 알고 사과하면서 사건은 다행히 일단락되었다.

우선 행정실 직원에 대해서 잘 모를 수 있을 수 있으니, 간단히 짚고 넘어가자. 행정실 공무원, 즉 교육행정직 공무원(이하 교육행정직)은 학교에서 교사의 원활한 교육 활동을 지원하기 위해 매년 공채 시험을 통해 선발하고 있다. 특정직 공무원이자 국가공무원인 교원과 달리 일반직 지방공무원으로서 시·도 교육청(본청)이나 시·군 교육지원청 또는 일선 학교에 배치되는데, 가장 많은 인원이 공립 초·중·고등학교의 행정실에서 근무하고 있다.

교사가 교육 활동의 전면에서 임무를 수행하는 한편, 교육행정직은 교육 활동이 원활하게 이루어지도록 돕는 임무를 수행한다. 학교교육의 목표를 달성하기 위해 늘 상호 협조해야 하는 관계지만, 때로는 지금 소개한 것처럼 아슬아슬한 갈등 상황을 겪기도 한다. 당시에는 해프닝 정도로 넘어갔지만, 머지않아 이런 일을 나만 겪은 것이 아니며, 교사와 교육행정직 간 갈등이 생각보다 심각하다는 것을 알게 되었다. 교사들이 이용하는 인터넷 커뮤니티에 가면 비슷한 사례를 겪은 교사들(주로 신규

거나 비교적 젊은 교사들)의 고충이 심심찮게 게시글로 올라와 있는 것을 볼 수 있다. 그중 몇 가지를 소개해본다.

사례 1

교사가 품의를 통해 물품 주문을 요구했는데, 행정실 지출 담당 주무관의 실수로 물품이 잘못 배송되었음. 교사가 재주문을 요구하는 과정에서 행정실 주무관이 본인보다 어린 교사의 말에 감정이 상해 고성을 지르다가 다툼이 일어남. (출처 : 교원 커뮤니티 A)

사례 2

사업 담당자인 교사가 올린 품의 요구서를 두고 협조자인 행정실장이 오타, 마침표 등 사소한 품의 양식을 제대로 지키지 않았다는 이유로 재작성을 요구함(협조자는 검토자 혹은 결재권자와 달리 문서를 수정하거나 반려할 권한이 없음). 이에 교사가 행정실장은 회계 담당자(출납원)로서 협조자에 불과할 뿐이니 예산 사용의 적법성만 따지라고 맞받아치며 갈등이 일어남. (출처 : 교원 커뮤니티 B)

사례 3

학교에 배송된 물품에 대한 검수 책임이 있는 교사가 택배를 곧바로 수령하지 않자, 이를 재촉하기 위해 행정실장이 해당 교사의 교실로 전화함. 교사가 수업 중임을 밝히고 전화를 끊었으나 행정실장이 계속 전화를 걸자, 수업이 끝난 후 행정실장을 찾아가 항의함. 이 과정에서 본인보다 나이가 한참 어린 교사가 무례하게 대했다고 판단한 행정실장이 화를 내며 다툼이 일어남. (최초의 출처는 알 수 없으나 모 직장인 커뮤니티 등 다수의 커뮤니티에 게시됨)

이들 갈등 사례에서 보이는 공통점은 서로 자존심을 내세우거나 사소한 감정 문제가 다툼의 원인이 되었다는 것이다. 게시 글과 댓글들을 읽다 보면, 업무적으로 또는 인간관계 측면에서 누가 더 잘했고 잘못했는지를 떠나, 서로에게 날카롭게 날이 서 있고, 감정의 골 자체가 깊다는 인상을 받는다. 마치 '갈등(葛藤)'의 어원 그대로 칡과 등나무가 한없이 복잡하게 얽혀 있는 모양새다. 어디서부터 두 집단의 관계가 꼬였는지, 어떻게 풀어야 할지, 쉽지 않은 문제라는 것만은 분명하다.

소모적인 감정싸움은 학교를 넘어서 단체와 단체 간의 전쟁으로 확대되기도 한다. 코로나19가 막 창궐하기 시작한 2020년 4월, 충청남도교육청 노조 위원장의 시국 성명으로 교사와 교육행정직 간 갈등은 극에 달했다. 시국 성명의 골자는 이렇다. 코로나19로 전 국민이 어려운 상황에서 교사들이 긴급 돌봄을 빌미로 시간당 1만 5천 원의 수당을 받아가는 것은 교사 집단의 이기주의에서 나온 부당한 처사라는 것이다. 문제는 이 과정에서 '돈벌이 집단', '천인공노할 작태' 등 원색적인 단어를 사용했다는 점이다. 교원 단체는 즉각 반발, 교총과 교사 노조 등은 교사들을 허위 사실로 음해하고 천박한 단어로 모욕·조롱했다며 해당 발언을 한 노조 위원장의 사퇴를 요구함과 동시에 명예훼손으로 고발하기에 이

르렀다. 단체 간 탄도미사일격 공격이 살벌하게 오갈 무렵, 각종 포털 사이트의 댓글 그리고 교사와 교육행정직 커뮤니티 곳곳에서는 치열한 '야전(野戰)'이 벌어졌다. 논쟁의 시발점이 된 돌봄 업무는 더 이상 중요한 문제가 아니었다.

교육행정직들은 '교사는 특혜 집단이고 적폐'라며, '41조 연수[19]도 없애고, 9호봉부터 시작하는 교원 급여도 깎아야 한다'고 공격했다. 교사들은 '왜 교육행정직들이 교사들처럼 점심시간을 근무시간으로 인정받아서 일찍 퇴근하느냐'고 대응하거나, '억울하면 너희도 시험 봐서 교사 돼라'는 식으로 조롱했다. 이 논쟁에서 교육이나 아이들은 낄 틈이 없었다. 교사, 교육행정직 모두 '메시지보다 메신저를 공격하라'는 오랜 정치적 술수에 충실했을 뿐이다. 이렇게까지 상대를 짓밟고 상처 줘서 얻는 것은 무엇일까?

교육행정직은 업무 자체에 지원의 성격이 강하다. 물품 주문과 지출 처리 등 교사의 업무적 요구를 수용해서 후속 처리를 하는 일이 많다 보니, 학교 정책이나 사업의 주요 의사 결정 과정에서 배제되는 듯한 소외감을 느끼기 쉽다.[20] 또 교사에 비해 상대적으로 낮은 급여와 처우가 갈등의 주요 요인이 되기도 한다. 수적으로도 교사가 많고 교육행정직이 소수라서, 업무 분장 등 여러 이권 다툼에서 늘 불리한 위치에 있다고 생각한다. 따라서 갈등 상황을 민감하게 느끼는 것은 교사보다 대개 교육행정직 쪽이다. 이런 감정들이 밑바탕에 깔려 있다 보니, 교사들에게 불친절하게 굴거나 회계 규정 등을 내세우며 고압적으로 대하는 일도 있고, 교사의 작은 실수에 필요 이상으로 민감하게 반응하는 일도 생긴다. 업무 구조상 교육행정직들에게 늘 협조를 구해야 하는 교사들은 이런 일에 불쾌함을 느끼면서도 근본적으로 왜 그들이 그런 행동을 보이는지 잘 이해하지 못한다.

사무실(행정실)에 한데 모여서 수직적인 위계에 따라 근무하는 교육행정직과 달리, 교사들은 상대적으로 수평적이고 자율적인 분위기에서 각자의 일에 몰두할 수 있다.[21] 학급 운영이나 본인이 맡은 사업 업무에 집중하는 것만으로 시간이 부족해서, 학교 조직의 구성원들이나 본인이 속한 조직 체계에 신경을 쓰지 않는 교사도 많다. 행정실 직원들이 어떤 직제로 구성되어 있는지, 정확히 어떤 업무를 담당하고 있는지, 호칭은 어떻게 불러야 하는지 잘 모르는 교사도 있다. 교육행정직이 학교 조직에 구체적으로 어떻게 기여하고 있는지에 무관심하고, 심지어 행정실 직원 중 누가 교육행정직 공무원이고, 누가 행정실무사(교육공무직)인지 모르는 경우도 다반사다. 교감이나 부장 교사들은 이런 내용을 신규 교사들에게 가르쳐주지 않으며, 교사 스스로도 관심을 가지려 하지 않는 편이다. 이 과정에서 일부 교사는 교육행정직을 교사의 '보조적인 역할' 정도로 치부하거나, 교육에 대한 견해를 피력할 수 없는 비전문가 집단으로 보기도 한다. 학교의 중요한 회의에서도 교육행정직들을 배제하고, 교무 회의에서 결정한 사항을 '통보'만 하여 협조를 요구하는 모습을 보이기도 한다. 이런 태도는 행정실 직원들에게 소외감을 갖게 하는 동시에 조직에 대한 헌신도를 낮춘다.

　교사들은 교사 외의 학교 구성원들에게 더 관심을 가져야 한다. 그리고 교육행정직들은 지금보다 적극적으로 '교육'이라는 공동의 목표를 생각하고 업무에 임해야 한다고 생각한다. 결국 교사, 교육행정직 모두 '교육'과 '학생'을 위해 존재하는 사람들 아닌가? 수당이니 방학이니 특혜 운운하며 원색적으로 비난하거나 상대를 조롱하는 행위는 이제 그만했으면 한다. 학교 구성원 간 소모적인 다툼의 피해는 고스란히 아이들에게 전가되기 때문이다.

　애덤 카헤인은 저서 《협력의 역설》에서 상대를 파멸해야 할 적으로 간주하는 '적화증후군(enemyfying syndrome)'에서 벗어날 때, 협력의 희망이 싹틀 수 있다고 했다. 그리고 '누가 옳은가보다 무엇이 옳은가?'라는 질문에 초점을 두라고 권했다. 사실 우리는 이 질문의 답을 이미 알고 있다. '교사'나 '교육행정직'이 옳은 것이 아니다. '교육'이 옳은 것이다.

2부

HOW?
우리는 교육을 위해
어떻게 협력할 것인가?

교사의 업무는
왜 줄어들지 않을까?

◆ **교사의 업무는 늘어만 가고**

2011년 12월 20일, 대구에 사는 중학생 K(당시 14세, 2학년) 군은 친구들로부터 물고문과 구타, 갈취 등 학교폭력에 시달리다 못해 스스로 세상을 등졌다. K 군은 "매일 남몰래 울고, 억울하게 괴롭힘을 당하던 시절을 끝내는 대신 가족들을 볼 수가 없다는 생각에 눈물이 앞을 가린다"는 유서를 남겼다. 이른바 '대구 중학생 자살 사건'은 한국 사회에 공분을 불러일으켰고, '학교폭력 예방 및 대책에 관한 법률'을 만드는 계기가 되었다.

'학교폭력 예방 및 대책에 관한 법률'에 이어 세월호 사건 이후 '국민 안전 교육 진흥 기본법'이 생겼고, 건전하고 올바른 인성을 갖춘 국민을 육성한다는 취지의 '인성 교육 진흥법'도 제정했다. 또 학생들에게 다양한 진로 교육의 기회를 제공함으로써 변화하는 직업 세계에 대처하고, 학생의 소질과 적성을 실현하여 국민의 행복한 삶을 도모한다는 취지의 '진로 교육법'도 신설했다. 재능이 뛰어난 사람을 조기에 발굴하여 능력과 소질에 맞는 교육을 함으로써 개인의 타고난 잠재력을 계발하고, 개인의 자아실현을 도모하며, 국가와 사회의 발전에 이바지하게 한다는 목적으로 '영재교육 진흥법'도 제정했다.

각종 사회적 이슈에 대응하기 위해 새로운 법을 제정하는 것은 환영할 만한 일이다. 하지만 그 법들에 비례하여 교사의 업무량은 증가한 반면 필요한 인력은 충원되지 않고 있다. '국민 안전 교육 진흥법'으로 '안전 과목'이 생기면서 초등 1, 2학년은 주당 1시간이 순증, 교사들의 수업 부담이 가중했다. '진로 교육법' 제정으로 중·고등학교에 진로 상담 교사가 생겼지만, 전담 교사를 배치받지 못한 학교에서는 비전공 교사가 '진로 과목'을 가르쳐야 한다. 초등학교의 경우, 대구 외의 지역에는 진로 전담 교사가 없는 실정이다. 교사들이 맡아야 하는 교무 업무가 지속적으로 늘어나고 있는 상황에서 감당하기 버거울 만큼의 무게다. 그나마 규모가 큰 학교라면 교사 수가 많으니까 어떻게 버틸 수 있지만, 6학급 이하의 작은 학교에서는 수업 준비에 소홀해질 수밖에 없다.

그런가 하면 '국민 안전 교육 진흥 기본법'이 생기고 나서는 일선 학교에서 업무량도 늘었지만, 안전 업무의 주체를 놓고 교육행정직과 안전

담당 교사가 대립하는 일도 있다고 한다. 경기도의 학교에서는 소방 업무를 교사가 주관하는 일까지 있다고 하니, '교사가 여기까지 해야 하나' 강한 의구심을 품지 않을 수 없다.

◆ 늘어나는 행정 직원, 여전히 줄지 않는 교사의 업무

〈교육통계 연보〉에 따르면, 2020년 전국 시·도 교육청과 산하 교육지원청에서 근무하는 교육행정 직원은 1만 7398명으로, 2010년의 8654명에서 두 배로 증가했다. 교육부는 '2010년에는 일반직 통계에 기능직이 포함되지 않았다'면서 '실제 늘어난 인력은 정원 기준 4817명(38%)'이라고 해명했다. 이는 같은 기간 전체 공무원 증가율 13%에 비해 훨씬 가파른 증가세다. 반면, 교육행정의 수요자인 초·중·고 학생은 같은 기간 761만 7796명에서 534만 6874명으로 약 30%가 급감했다.

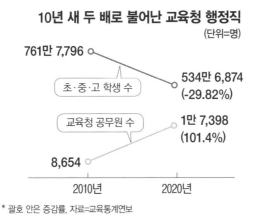

10년 새 두 배로 불어난 교육청 행정직
(단위=명)

761만 7,796
534만 6,874
(-29.82%)
초·중·고 학생 수

교육청 공무원 수
1만 7,398
(101.4%)
8,654

2010년   2020년

* 괄호 안은 증감률, 자료=교육통계연보

* 출처 : 매일경제, 2021년 7월 18일자

여기서 주목해야 할 것은 지난 10년간 교육행정직의 숫자는 38% 증가한 데 비해, 교사는 11%밖에 증가하지 않았다는 점이다. 시·도별 격차는 있겠지만, 전라북도의 경우에는 과거 6학급 학교의 행정실에 7급 행정실장과 주무관 1인, 시설직 1인이 있었다면, 요즘 6학급 행정실에는 6급 행정실장과 주무관 2인, 시설직 1인이 기본으로 있다. 반면에 초등 기준 6학급 학교의 교사는 담임교사 6명에 전담 교사 1명으로 총 7명이다.

학생현황

학년		1	3	4	5	6	특수학급	계	유치원
학급 수		1	1	1	1	1	1	6	1
학생 수	남	3	4(1)	3	1(1)	2	2	13	2
	여	1	1	3	1	4		10	3
	계	4	5(1)	6	2(1)	6	2	23	5

교직원현황

구분	교장	교감	교사	특수교사	보건교사	영양교사	유치원교사	유치원시간제기간제	행정실장	주무관	교무실무사	시설관리원	조리종사원	급식보조	초등돌봄전담사	통학차량안전지도사	청소원	계
남	·	1	4	·	·	·	·	·	1	1	·	1	·	·	·	·	·	8
여	1	·	2	1	1	1	1	1	·	1	1	·	3	2	1	1	1	18
계	1	1	6	1	1	1	1	1	1	2	1	1	3	2	1	1	1	26

* 출처 : 전라북도 A초등학교 홈페이지

각 시·도 교육청에서는 '지방 교육 자치에 관한 법률'에 따라 해당 시·도의 교육비 특별회계가 부담하는 경비로 교육행정직 공무원을 선발하고 있다. 교육행정직 공무원은 일반직 지방공무원의 인사행정 체계를 따르지만, 일반 자치단체가 아닌 시·도 교육청 소속인 만큼 교육행정직 공무원만의 특수성과 전문성을 확보할 필요성이 있다.

2021년 경기도교육청이 홈페이지에 게시한 업무 매뉴얼에 따르면, 교육행정직이 담당해야 할 행정 업무는 학교 회계 예산 및 결산, 학교 회계 수입 및 지출, 계약, 보안, 학교발전기금, 교직원 보수(급여 등), 학교운영위원회, 시설·재산·물품 관리 등이다. 대부분 회계 업무에 치우쳐 있다는 것을 알 수 있다. 박점순[22]에 따르면, 세종시교육청 소속 학교 교육행정직 공무원을 대상으로 한 설문조사 결과, 학교의 교육행정직이 갖추어야 할 역량 가운데 가장 숙련이 필요한 분야로 78.1%가 '회계 전문성'을 꼽고 있다. '학교교육의 이해'를 꼽은 비율은 2.9%에 불과했다.

과연 회계 업무가 학교 행정 또는 교육행정의 전부라고 할 수 있을까? 오해하지 마시라, 행정 직원이라는 이유로 학교 행정을 오롯이 교육행정직 공무원이 떠맡아야 한다는 뜻은 아니다. 당연히 교사도 행정을 해야 하며, 교사만 할 수 있는 행정 업무도 적지 않다. 다만 '행정실'이라는 그들이 근무하는 사무실 명칭과 '교육행정직'이라는 직렬에 걸맞지 않게 업무 범위가 매우 소극적이고 협소하다는 느낌을 지울 수 없는 것뿐이다. 회계·시설 업무는 학교뿐만 아니라 모든 조직에서 공통적으로 발생하는 일반 업무이지, 냉정히 말해서 교육행정직 공무원만의 '특수성'과 '전문성'을 대변하는 업무라고 보기 어렵다. 관련 법령 또한 이들의 업무 범위를 회계·시설에 국한하고 있지 않다.

초·중등교육법 제20조(교직원의 임무)

⑤ 행정 직원 등 직원은 법령에서 정하는 바에 따라 학교의 **행정 사무**와 **그 밖의 사무**를 담당한다.

학교처럼 서로 다른 직렬이 공존하는 조직을 예로 들어보자. 국가에서는 교사, 경찰, 군인, 판사, 검사처럼 담당 직무가 특수한 직렬을 특정직 공무원으로 분류하고, 이들의 주 업무를 행정적으로 지원하기 위해 다른 직렬의 일반직 공무원을 배정하고 있다. 교육행정직 공무원, 경찰행정직 공무원, 일반 법원 공무원, 검찰 수사관 등이 이에 해당한다. 이 가운데 주로 회계 업무에 치중하는 직렬은 교육행정직 공무원이 거의 유일하다. 가령 경찰행정직 공무원은 회계 및 시설 업무를 맡는 경리계나 장비계 외에도 일선 경찰서 내 민원봉사실, 경무계, 교통안전계 등에 넓게 포진되어 경찰공무원(경찰관)을 지원하는 사무를 보고 있다. 일반 법원 공무원 및 검찰 수사관도 마찬가지로 법무행정, 검찰 행정에 폭넓게 관여하며 직렬 명에 걸맞은 전문적인 업무를 수행하고 있다.

교육행정직 공무원이 회계 업무를 넘어서 지금보다 훨씬 적극적이고 전문적으로 학교의 행정 업무에 관여할 때, 비로소 교사와 함께 학교교육을 책임지는 동등한 두 개의 주체로서 인정받을 수 있지 않을까. 여기에는 물론 필요한 추가 인력 지원과 행정실장을 포함한 행정 직원 간 합리적인 업무 분장이 반드시 선행되어야 할 것이다.

◆ 공문서의 양은 줄어들지 않고

다른 관공서도 비슷하겠지만, 학교의 업무는 공문에서 시작해 공문으로 끝난다고 해도 과언이 아니다. 최근 3년간 발생한 학교 공문서의 양을 조사해보았다. 짧은 기간, 특정한 학교를 조사한 결과가 모든 학교의 사정이라고 일반화하기는 힘들지도 모른다. 하지만 공립 유치원 한 곳, 초등학교 두 곳, 중학교 한 곳을 비교하여 제시한 만큼, 연도별 생산 공문 및 접수 공문의 양을 비교함으로써 최근의 흐름을 참고하는 데는 무리가 없을 것이다.

최근 3년간 발생한 학교 공문서의 양

연도	전라북도 A유치원(공립)		전라북도 A초등학교(공립)		광주광역시 A초등학교(혁신)		전라북도 A중학교(공립)	
	접수 문서	생산 문서	접수 문서	생산 문서	접수 문서	생산 문서	접수 문서	생산 문서
2019			5,622건	2,167건			5,879건	6,564건
2020	2,302건	4,105건	5,497건	1,848건	5,633건	7,970건	5,088건	6,390건
2021	3,086건	5,269건	5,075건	1,687건	5,779건	9,466건	5,598건	6,628건

공문서의 양은 시·도 교육청별로, 또 학교·급별로 달랐고, 생산 문서의 양도 학교별로 다른 양상을 보였다. 하지만 여전히 시·도 교육청에서 단위 학교나 유치원으로 보내는 양은 많았다. 전라북도 A초등학교는 생산 문서가 접수 문서보다 현저히 적은 걸로 보아 생산 문서를 간소화한 것 같다. 광주광역시 A초등학교는 혁신학교이자 '그린스마트 미래학교'로 지정되어 예산을 상대적으로 많이 지원받기 때문에 이와 관련한 생산 공문이 많았을 것으로 추정된다. 전라북도 A중학교의 접수 문서와 생산 문서의 양이 아마 전국 보통 학교들의 수치일 것이다. 하지만 여기서 중요하고도 간과할 수 없는 부분은, 자료 집계와 게시 공문을 활성화

하는 등 지역 교육청의 노력에도 지난 2~3년간 접수 문서와 생산 문서의 양에 거의 변화가 없다는 점이다.

◆ 교육 현장은 업무 처리 방식의 혁신이 더디다

이 책의 공저자 가운데 한 명인 오스티나는 2013년부터 2019년까지 샌프란시스코의 몇몇 테크놀로지 기업에서 교육 담당 직원으로 근무하며, 학교에 소프트웨어와 교구를 지원하는 일을 했다. 특히 교사들과의 협업을 통해 자사의 테크놀로지 사용이 학습 능력에 미치는 영향에 대한 케이스 스터디를 만들거나, 테크놀로지를 활용해 새로운 커리큘럼 관련 프로젝트를 진행하는 역할을 맡았다.

샌프란시스코의 테크놀로지 기업들은 새로운 변화를 받아들이는 속도가 빠르다. 코로나 발발 훨씬 이전부터 화상회의가 일상적이었으며, 팀원들 간 업무 처리 속도를 높이기 위한 노력도 자연스럽게 이루어졌다. 회사에서는 종종 "자동차를 만드는데, 주행하면서 고치는 느낌이야"라는 우스갯소리를 주고받았다고 한다. 그만큼 사회의 변화에 민감하고, 변화를 받아들이는 데 익숙했다. 눈이 휙휙 돌아갈 만큼 빠른 변화 속에서 산다는 것이 녹록한 일은 아닐 테지만, 살아남기 위해서는 받아들여야 한다는 생각에 유연하게 대처할 수밖에 없었다고 한다.

이 휘몰아치는 세상의 변화 앞에서 교육계의 반응이 더디다는 사실은 전 세계 어디나 공통인 것 같다. 시시때때로 변화하고 싶어도 아이들의 미래를 책임지는 중요한 사명감을 가진 분야인 만큼, 안전하고 검증된 방향으로 나아가야 한다는 것을 이해하지 못할 바는 아니다. 하지만 교사 노조에서 일하는 사람으로서, 학교를 방문하여 선생님들과 대화를 나눌 때마다 강조하는 내용이 있다. 결국 아이들은 이 변화를 받아들이고, 오히려 변화를 이끌어나갈 미래의 주역이 되어야 할 사람들이라는 것, 즉 단순한 지식 습득을 떠나 창의적으로 문제를 해결하는 방법을 가르쳐서 사회로 내보내야 한다는 것이다. 그 능력을 펼칠 수 있도록 준비해주는 것이 바로 교육의 역할이기도 하다. 그런데 정작 교사들이 변화를 받아들이지 못한다면, 아이들이 어떻게 그 역량을 습득할 수 있을까. 지금 교육 현장의 업무 처리 방식은 창의나 혁신과는 거리가 멀다.

물론 변화의 바람이 전혀 불지 않는 것은 아니다. 코로나19 이후, 교육부는 학사 일정과 학교에서 대응해야 할 업무를 공문보다 먼저 언론 기사를 통해 발표하곤 했다. 교사들 사이에서는 '인터넷 공문'에 대한 비판도 많았지만, 한편으론 우리의 일을 공문이 아닌 인터넷 뉴스를 통해서 알게 되다니, 편한 세상이 왔다고 말하기도 했다.

온라인 학교를 운영하면서 온라인 강의를 탑재하기 위해 교사들은 교육부가 제공하는 E학습터나 EBS 온라인 클래스, 네이버 밴드를 활용하고, 수업과 연수와 회의에도 본격적으로 줌 형식을 보급하고 있다. 코로나19라는 위기가 어쩌면 온라인 교육을 활성화하는 계기가 되고 있기도 하다. 그리고 교육의 3주체인 교사-학생-학부모의 의사 결정도 구글과 네이버의 설문 조사나 패들렛 등을 적극적으로 활용하게 되었다. 배움의 현장인 교실에서 혁신의 바람이 일어나고 있는 것이다.

그런데 여전히 학교의 업무 처리 방식은 경직되어 있다. 교사가 공문 하나를 쓰면, 담당 교사(기안) → 부장 교사(검토) → 교감(검토) → 교장(결재)의 4단계를 거친다. 학교에 따라서는 담당 교사(기안) → 교감(검토) → 교장(결재)의 3단계를 거치기도 하고, 담당 교사(기안) → 교감(전결)으로 간소화하려는 노력도 보인다. 하지만 아직도 많은 문서가 서류 결재 전 구두 결재, 문서 성격에 따른 차별화 결재 라인 등 비합리적인 구조에서 벗어나지 못하고 있다. 이러한 비효율적인 관습을 온라인 학교 운영에서 보여주었던 것처럼, 시대의 흐름에 맞게 재정비할 필요가 있다고 생각한다.

여기에 교육공무직도 직접 공문을 기안하는 시스템이 필요하다. 기존의 교육공무직(기안) → 교사(검토) → 교감(검토) → 교장(결재)에서, 교육공무직(기안) → 교감(검토) → 교장(결재)으로 바꾸어, 교사가 일반 행정 사무에서 벗어날 수 있는 구조를 만들어야 한다. 이러한 결재 라인 혁신이 처음에는 낯설 수도 있겠지만, 제대로 정착하면 교육공무직도 지금보다 학교에 대한 소속감과 존재감을 느낄 수 있고, 교사도 수업에 집중할 수 있게 될 것이다.

우리 교육 현장에서 더 강하게 혁신의 바람이 불기를 바란다. 코로나 같은 재해로 인해 어쩔 수 없이 이루어지는 대응이 아니라, 미래를 살아갈 아이들을 유동성 있게 가르치고, 깨어 있는 교육 환경을 조성하기 위해서 말이다.

◆ 얄미운 너의 이름은 민원

예전에 근무하던 학교 옆에 호수 공원이 있었다. 거기에는 아이들이 뛰어놀 수 있는 놀이터가 있어서, 체육 전담 교사를 하던 시절에 꼭 가보고 싶었다. 그런데 학교 담 너머 바로인 곳인데도, 아이들을 데리고 가려면 반드시 내부 결재 문서가 필요했다. 문서에는 야외 학습의 목적, 방침, 세부 일정, 기대 효과 등을 담아야 했고, 당연히 교감선생님의 검토와 교장선생님의 결재를 통과해야 했다.

호수 공원에서 아이들은 자연을 관찰하거나 운동기구를 이용하거나 놀이터에서 놀며 무척 행복해했지만, 그것은 단 1시간짜리 선물이었다. 왜 교사는 학생들을 야외 학습에 데리고 갈 때마다 공문을 작성해야 할까? 공문을 작성하지 않고 진행했다가 아이들이 다치기라도 하면, 학부모로부터 민원이 들어올 수 있기 때문이다. 인터넷 사용이 보편화되고, 학부모들의 학교 참여가 늘면서 교사에 대한 민원도 급증하고 있다. 교사들은 이러한 학부모 민원을 사전에 차단하기 위해서라도 완벽한 문서로 대비해야 한다.

서울의 한 학교에서 실과 시간에 학생이 프라이팬을 씻다가 훈증 열로 경미한 화상을 입은 사건이 있었다. 통상적으로 이런 경우에는 학교 안전공제회에서 학생의 안전사고에 대한 치료비를 보상해준다. 그런데 이 학생의 부모는 요리 실습 전에 교사가 충분히 안전 교육을 실시했음에도, 해당 교사를 업무상과실로 고소했다. 경찰 조사 결과 무혐의로 종결되기는 했지만, 교사는 몇 개월 동안 마음고생을 심하게 했다. 이처럼 지금 우리나라의 교육계는 교사들이 완벽한 문서를 갖춰놓고 학부모의 민원에 대비할 수밖에 없는 실정이다.

한번은 학부모의 민원으로 경기도 내 학교가 전수조사를 벌인 일이 있다. 한 학부모가 자녀가 다니는 학교의 학부모회를 구성하는 데 있어서 절차적 문제가 있다는 민원을 제기했는데, 경기도 내 전체 학교에 회신을 요구하는 바람에 이에 대응해야 했기 때문이다. 문제가 있다고 하면 그 학교만 회신하면 될 것을, 민원인이 요구했다고 해서 모든 학교의 실태를 제출하게 하는 건 지나쳤다고 생각한다.

학교에 민원이 없을 수 없고, 그에 대한 적절한 해결책을 제시해야 하는 것도 마땅하다. 하지만 앞의 사례들은 교육 현장이 민원에 의해 얼마나 크게 영향을 받는지를 단적으로 보여준다. 교육청이나 교육부는 이런 민원들이 학생들을 교육하는 데 부정적으로 작용하지 않도록 합리적인 매뉴얼이나 체계적인 시스템을 갖추고 학교 현장을 지원했으면 한다.

업무의 총량을 줄이려는 노력들 : 무주교육지원청 사례를 중심으로

무주교육지원청에 강의가 있어서 방문한 적이 있다. 강의에서도 '업무지원팀'과 '교무학사 전담 교사제'에 대한 내용을 이야기했다. 강의가 끝난 뒤에 무주교육지원청 남궁상운 장학사는 '업무지원팀'과 '교무학사 전담 교사제'에 동의한다며, 무주교육지원청에서는 일선 학교에서 하고 있는 방과 후 관련 행정 사무와 돌봄 프로그램 강사, 기간제 강사 및 교사 채용 업무를 지원하고 있다고 말했다. 교육지원청에서 이렇게 지원을 해주면, 교사들은 수업 연구에 더 매진할 수 있겠다는 생각이 들었다.

무주교육지원청의 이야기를 듣고 장성열 교육장님을 인터뷰하기로 했다. 왜 이런 생각을 갖게 되었는지 궁금해서였다. 장성열 교육장님은 동화 분교를 둔 천천초등학교에 근무한 적이 있는데, 동화 분교에는 교장도 없고, 공문도 없이 교사들이 창의적이고 자율적으로 교육과정을 운영하고 있었다고 한다. 그 모습을 보고, 교원들의 업무를 경감하는 방법에 대한 연구를 하게 되었다는 것이다.

그 결과, 무주교육지원청은 교사 호봉 획정 업무를 진행했고, 학교의 공모 사업을 줄였으며, 본예산 자체를 많이 내려 보냄으로써 보고 공문을 축소하도록 했다. 전라북도교육청에서 내려오는 공문을 일선 학교에다 보내지 않고 직접 처리하기도 한다. 또 학교별로 충분한 예산을 제공하여 공모 사업을 신청하지 않고도 학교에 필요한 사업을 진행할 수 있도록 지원했다. '학교교육 권한 배분 시범 교육지원청 운영'을 주도하고 있는 남궁상운 장학사는 다음과 같은 사례를 들려주었다.

◆ 보고 공문 없는 학교

'보고 공문 없는 학교'는 외부로 제출하는 보고 공문을 생략하고, 학교의 내부 기안을 최소화하는 것이다. 교육활동지원팀을 활성화해서 교사들의 업무 부담을 줄임으로써 교육 활동에 전념할 수 있도록 하는 것이 목적이다. 보고 공문 없는 학교는 학교로 보내는 공문을 아예 없애면 어떨까, 하는 발상에서 시작되었다. 따라서 처음에는 추진 내용도 '공문 없는 학교'였다. 교사라면 누구나 한번쯤 '공문이 한 장도 오지 않는 학교'를 꿈꿔봤을 것이다. 그러나 학교로 오는 공문을 분석해본 결과, 그것은 불가능한 일이었다. 의회의 각종 요구 자료, 인사 자료, 생활기록부 관련 공문은 반드시 보내야만 했고, 학교에서 반드시 처리해야만 했다. 결국 대폭 축소하여 보고 공문을 최소화하자는 뜻으로 '보고 공문 없는 학교'를 내걸게 되었다. 그 결과, 보고 공문은 전반적으로 줄어들었다. 다음에 제시한 표를 보면 2020년 5월과 2021년 5월 기준, 세 학교 모두 발송 공문이 줄어든 것을 알 수 있다. 그러나 내부 공문은 줄어들지 않았다. 학교에 따라서는 오히려 늘어난 곳도 있다. 교사의 사무 업무 정도를 단순히 공문 개수로 가늠할 수는 없겠지만, 교사들이 처리해야 할 공문의 수가 줄고 그에 따라 업무 처리 시간이 줄어든다면, 교사들은 그 시간을 수업 준비나 상담, 연수 등 교육과 관련한 활동에 쓸 수 있을 것이다. (무주교육지원청 남궁상운 장학사)

무주 지역 표집 : 2020년 5월과 2021년 5월 교무실 공문 분석

기관명	연월	내부 결재	수신 문서	발송 문서	합계	증감 건수	게시 공문
A유치원	2020.5.	89	120	14	223	−67	143
	2021.5.	61	91	4	156		260
	의견						
B초등학교	2020.5.	94	252	18	364	−25	194
	2021.5.	118	205	16	339		245
	의견						
C중학교	2020.5.	110	376	18	504	−61	206
	2021.5.	155	278	10	443		350

C중학교	의견	교외 체험학습 신청자 증가, 1차 고사에 따른 교과 단위 협의, 운동부 활동 증가					
합계	2020.5.	293	748	50	1,091	−153	543
	2021.5.	334	574	30	938		855
	의견	외부 공문 필터링이 안 됨					

* 출처 : 정책공보관 내부 자료 수정(2021.5.)

학교의 업무는 공문에서 시작된다고 해도 과언이 아니다. 이는 교육정책을 담당하는 기관에서도 이미 알고 있어서, 이를 해소하기 위한 다양한 노력을 하고 있다. 일례로 몇 년 전부터 '3월은 공문 없는 날', '수요일은 공문 없는 날'처럼 물리적인 제약을 통해서라도 공문의 수와 업무 총량을 줄이려는 시도를 해오고 있다. 하지만 3월 대신 2월과 4월에 집중되는 공문, 화요일과 목요일에 집중되는 공문의 부작용은 여전하다. 이 문제를 해결하기 위해서는 물리적인 제약뿐만 아니라, 실질적인 시스템을 구축하고 환경을 바꾸는 작업이 필요하다.

◆ 공모 사업 없는 학교

공모 사업은 특정 사업을 수행하기 위해 각급 학교를 대상으로 예산을 지원하는 것이다. 지방교육재정교부금은 보통교부금과 특별교부금으로 구성되는데, 특별교부금이 주로 공모 사업에 투입된다. 그러나 많은 공모 사업이 보통교부금에서도 투입되고 있다. 공모 사업의 순기능이 없다고는 할 수 없으나, 이미 교육과정을 수립한 이후에 공

교육을 가로막는 벽

106

모 사업을 신청하기 때문에 교육과정과의 연관성이 결여될 수밖에 없다. 또 담당 교사의 업무 과중 문제로 우리 도에서는 공모 사업을 한 학교에 2개까지만 허용하고 있다. 무주에서는 2021년부터 공모 사업을 없애고, 그에 상응하는 예산을 학교기본운영비를 증액하는 식으로 지원하고 있다. 학교에 교부하는 경상운영비는 2019년 공모 사업비, 학급 수, 학생 수를 고려하였고, 작은 학교의 경우에는 일정 금액 이상을 교부할 수 있도록 하였다. '공모 사업 없는 학교'를 통해 학교는 계획서나 결산 보고서 작성과 같은 부가적 업무 없이 예산을 쓸 수 있다. 또한 학교기본운영비에 포함되어 있으므로 학교 교육과정과 연계하여 운영하기에 매우 편리하다. 관건은 예산 운용의 투명성과 책무성이 보장되느냐다. 목적사업비로 교부하면 특정 분야에만 예산을 사용할 수 있고, 결산 보고서도 제출해야 하므로 예산 운용의 투명성과 책무성이 어느 정도 보장되는데, 경상운영비로 한꺼번에 줄 때는 어떻게 될지 염려도 되었다. 그러나 중간 점검 및 워킹 그룹에서의 사례 발표를 통해 확인해본 결과, 학교들은 교직원 협의를 통해 경상운영비 예산 편성을 하였으며, 경상운영비의 투입 영역은 해당 학교의 공모 사업 분야가 많았고, 학교 교육과정과 연계하여 편성·운영하고 있었다. (무주교육지원청 남궁상운 장학사)

공모사업비 및 경상운영비 지원 현황

(단위 : 천 원)

순	구분	학교명	2019년 공모사업비	2021년 공모사업비*	2021년 경상운영비 지원금	비고 (증감**)
1	유	A유치원	5,000	20,000	15,720	30,720
2	초	B초등학교	25,990		30,540	4,550
6	초	F초등학교	10,340		16,640	6,300
~ 중략 ~						
16	중	P중학교	5,700	1,500	6,530	2,330
17	중	Q중학교	4,220		6,170	1,950
합계		17	211,429	34,500	277,710	100,781

* 무주 지역의 2021년 공모사업비 지원은 시설 투자 및 신규 사업 등으로 제한함
** 증감=(2021년 공모사업비+경상운영비)−(2019년 공모사업비)

  학교의 공모 사업은 안 받을 수도, 쉽게 받을 수도 없는 딜레마적 요소를 충분히 갖고 있다. 학생들의 교육 복지를 위해서나 학교 환경 개선을 위해서 꼭 필요하고 도움이 되는 예산이지만, 애매모호한 시기와 까다로운 절차(계획, 실행, 정산) 등으로 학교 입장에서는 선뜻 결정하기 어려운 측면이 있다. 하지만 이를 학교 본예산에 반영해서 쓸 수 있도록 기회를 제공한다면, 여러 가지 면에서 장점으로 작용할 수 있다. 가장 걱정이 되는 예산 운용의 투명성이나 책무성은 무주교육지원청의 사례에서 얼마간 답을 찾을 수 있을 것 같다.

◆ 방과후학교 행정 사무도 지원받는 학교

교육지원청의 학교 지원 기능 강화는 학교업무지원팀 운영, 방과후 돌봄교실 운영 지원, 교원 호봉 업무 지원, 기간제 교사 채용 지원, 교직원 대상 대면 교육 일괄 추진, 이 5개 영역에서 이루어지고 있다. 학교업무지원팀은 장학사 1명, 주무관 1명, 방과 후 운영실무사 1명으로 구성되어 있었는데, 기존 인력 재배치 및 주무관 1명을 추가하여 팀을 구성했다. 이 팀에서는 방과후학교, 돌봄교실 운영을 지원하고 있다. 초등의 경우 방과후학교 프로그램 전체를 위탁 운영하고 있으며, 중등의 경우 방과후학교 프로그램 전체 순회 강사를 지원하고 있다. 초등 돌봄교실의 경우, 돌봄교실 순회 강사를 지원하고 있다. 위탁의 경우 월말 출석부 및 강사료 지급 등의 서류 작업도 업체에서 하고 있으며, 이에 따라 학교의 업무 부담이 대폭 감소했다. 다만, 초등 돌봄 순회 강사 및 중등 방과 후 순회 강사는 학교에서 월말 서류를 교육지원청으로 보내면 강사비를 지급하는 구조여서, 학교의 서류 작업이 일부 남아 있다. 교원 호봉 업무는 지금까지 학교에서 교감선생님이 해왔던 호봉 정기 승급을 교육지원청에서 일괄 처리하고 있으며, 호봉 정정, 재획정도 수시로 지원하고 있다. 교직원 대상 대면 교육은 코로나 상황으로 대부분 취소 또는 연기하고, 초등학교의 구조 및 응급 처치 교육만 남아 있는데, 이를 2학기에 6차례에 걸쳐 실시하기로 했다. (무주교육지원청 남궁상운 장학사)

방과 후 업무는 일반 행정 사무의 성격이 매우 강해서 교사가 맡기에는 부적절하다. 일선 학교에는 대부분 방과후실무사가 있는데, 강사비 품의를 부장 교사가 하는 경우가 있다. 방과후실무사가 보통 4시간씩 근무를 하므로 강사비를 품의하기에 충분하다. 경남에서는 방과후실무사가 8시간 근무를 해서 방과 후 업무 전체를 담당하고, 교사들은 방과 후 업무를 아예 하지 않는다. 방과후실무사가 8시간 근무를 하지 않는 경우, 어떻게 방과 후 행정 사무를 줄일 수 있을까? 전라북도에서는 6학급 규모 학교의 방과 후 업무를 교육지원청이 위탁해서 하는 경우가 늘어나고 있다. 학교에서는 학생만 모집해주고, 나머지 행정 사무는 위탁 업체와 교육지원청에서 처리한다면, 교사는 방과 후 업무에서 어느 정도 해방될 수 있을 것이다.

우리도 업무 혁신을
할 수 있을까?

◆ 종이 문서를 줄일 수는 없을까?

몇 년 전에 근무했던 학교에서는 가정통신문을 '학교종이'라는 이름
의 모바일 앱으로 대체했다. 처음에는 이게 될까 하는 걱정과 어쩌면 거
의 모든 국민이 스마트폰을 쓰는 시대니만큼 가능할지도 모른다는 생각
이 교차하는 가운데, 2개월간의 시범 기간을 거쳐서 다행히 안착했다.

가정통신문 앱에는 방과후학교 신청서, 돌봄교실 신청서, 현장학습 신
청서 등 많은 기능이 정교하게 설계되어 있다. 알고 보니 현직 교사가
교사들의 입장에서 여러 가지 사항을 고려하여 개발한 앱이라고 한다.
덕분에 교사와 학부모 사이에는 더 이상 종이 문서를 주고받을 필요가
없어졌다. 학부모로부터 회신한 공문의 통계도 자동으로 계산해주어서

시간도 절약할 수 있다. 이런 사례는 다른 영역에서도 쉽게 찾아볼 수 있다.

전주 대정초등학교 김학희 교사는 교사의 행정 업무 경감을 위해 교외 체험학습 시스템 구축을 모바일로 하는 아이디어를 제안했다. 코로나19로 인해 전국적으로 교외 체험학습 신청서를 내는 일이 많아지고 있는데, 그동안은 학부모가 학교 홈페이지에 있는 양식을 작성해서 담임교사에게 제출하면, 담임교사는 이를 교무부장에게 제출, 교무부장은 전체를 수합해서 결재를 맡았다. 그런데 이런 복잡한 과정을 모바일 앱을 구축해서 깔끔하게 해결한 것이다. 코로나19로 인해 누구나 자가 진단 앱을 깔 수 있는데, 여기에 교외 체험학습 신청서 기능을 탑재함으로써 쉽게 신청할 수 있도록 한 것이다.

예전에 학교 주도형 감사를 받은 적이 있는데, 준비하는 과정에서 증빙서류를 갖추는 데 가장 많은 시간이 들어갔다. 체험학습 신청서, 결석계, 학적 관련 서류 등 그동안 종이 서류가 크게 줄었다지만, 여전히 많았다. 특히 이런 서류들은 대부분 보존 기한이 5년씩이라 규모가 큰 학교의 경우에는 몇 십 박스 분량이나 되는 것을 보관할 장소도 마땅치 않다고 한다. 행정실은 더해서, 근무하던 학교는 규모가 작았는데도 탁자 두 개를 꽉 차지할 만큼이었다. 30학급이 넘는 학교라면 문서의 양이 얼마나 될지 가히 짐작도 안 간다.

학교 업무의 대부분을 전산화하여 '교무 업무 시스템'이라는 사이트에서 통합·처리하고 있다. 하지만 아직도 해마다 엄청난 양의 증빙서류가 쌓이고 있으니 분명 에너지 낭비, 자원 낭비, 비효율적인 업무 시스템이다. 이런 불필요한 종이 문서를 없애고, 전자 문서로 통일하거나 기존의 자료를 전부 디지털화해서 보관하는 방법으로 전체적인 업무의 양을 줄일 수 있을 것이다.

◆ 매뉴얼 안내는 영상으로

대전광역시교육청과 경기도교육청에서 교사의 '돌봄 행정 사무 배제'를 선언했다. 그런데 돌봄전담사 중에는 돌봄 행정 사무를 하는 데 두려움을 느끼는 분들이 있는 것 같다. 교사들은 행정 사무를 오랫동안 해왔지만, 지금까지 안 해본 입장에서 새로운 업무를 한다는 것이 낯설고 두려울 수도 있다. 그런데 신규 교사도 업무를 처음 할 때 누가 맡아서 가르쳐주지 않으니 동료 교사들에게 물어보면서 하고 있다. 게다가 해마다 새로운 업무를 배정받기도 해서 전임자에게서 얻을 수 있는 정보는 전년도 공문에 한해서일 뿐이다. 학교의 업무라는 것이 대동소이하다. 시·도 교육청 차원에서 업무 안내 동영상을 만들어 교육청 홈페이지에 탑재해주면 좋겠다는 생각을 한다. 그러면 새로운 업무를 맡게 되더라도 동영상을 보면서 어느 정도 업무의 맥락을 이해할 수 있을 것이다.

◆ 온라인 연수 시스템

코로나19가 가져온 가장 큰 변화는 연수 시스템일 것이다. 기존에 실시하던 대면 연수는 사라지고, 동영상 연수나 쌍방향 온라인 연수가 보편화하고 있다. 사실 처음에는 어색한 환경에 적응하기가 쉽지 않았지만 어쩔 수 없는 변화에 모두 서서히 적응해나갔고, 이제는 온라인 연수에 대한 거부감이 거의 사라진 듯하다. 물론 토의나 토론, 신체 활동이 필요한 연수는 비대면으로 운영하기에 적절하지 않지만, 교육 사업이나 프로그램 등을 설명하는 전달 연수는 온라인으로 실시하는 게 더 효율적이다. 또한 비대면 연수로 전환한 데서 생기는 예산을 다른 교육 사업에 쓸 수 있으니 좋은 점도 있다. 온라인 연수 시스템의 시·공간적 장점, 예산 절감 등의 효과는 이미 다양한 사례를 통해서 증명되고 있기도 하다. 온라인 연수의 효율적인 장점을 잘 살려서 활용한다면, 앞으로 연수에 쏟는 에너지 소비도 많이 줄일 수 있을 것이다.

◆ 공문 처리 방법을 더 효율적으로 할 수는 없을까?

대부분의 교사는 공문서를 처리하는 데 많은 시간을 보낸다. 물론 업무 담당자에게 배정된 공문서를 접수하고 처리하는 일은 당연히 해야겠지만, 자료 집계를 요구하는 공문이나 설문 안내, 연수 안내 등 간단한 공문서는 보다 합리적으로 처리할 방법을 찾아야 한다. 실제로 부장급 교사에게 배정되는 공문은 하루에 5~10개, 일주일에 몇 시간을 1차 접수자가 배부해준 공문을 다시 편철하는 데 쓰고 있다. 학교에는 업무전담팀에 공문 편철을 도맡아 해주는 담당자가 있다. 간단한 공문은 업무 전담팀 선에서 처리해주고, 중요한 공문만 담당자에게 배정, 나머지 공문은 공람 정도만 하게 해도 되지 않을까. 나아가 공문을 편철하는 데

드는 시간을 절약하기 위해 접수자가 '대외 공문서'라는 과제 카드 하나에 대외 공문서를 편철한 다음, 처리자에게 첨부 파일을 협조하고, 업무 담당자에게 공람하게 하는 방법으로 한다면, 업무의 효율성을 높일 수 있을 것이다.

◈ 수업 시수 관점으로 전담 교사를 배정할 수는 없을까?

전라북도에 있는 초등학교의 교과 전담 교사 배치 기준은 3학급당 0.75명이다. 그렇다 보니 6학급인 초등학교에 전담 교사가 1명뿐이다. 업무가 70가지라고 했을 때, 교사 한 사람이 맡아야 하는 일이 10가지나 되는 것이다. 전담 교사가 한 명뿐이니까 교사의 주당 수업 시수 부담도 매우 크다. 이 모든 것이 전담 교사를 학급당 기준으로 배정해서 생기는 문제인데, 초등학교에 전담 교사를 수업 시수로 배정해주면 안 될까? 중등 교사에게는 시·도에서 보통 18차시 이하의 수업을 배정하고 있는데, 초등에서도 20차시 이하의 수업을 하는 것으로 한다면, 그 이상의 시수를 담당하기 위한 전담 교사를 배정받을 수 있다. 그러면 6학급인 경우, 전담 교사가 2명이 되므로 동료 교사들의 수업 시수와 교무 학사, 행정 사무 부담이 줄어든다.

◈ 의사 결정 권한

한번은 방학 중에 돌봄교실을 운영하면서 애를 먹은 적이 있다. 복잡하고 어려운 일은 아니었으나 의사 결정 과정에 신중하지 못해서 벌어진 일이었다. 학교 내부 공사로 인해 방학 중 돌봄교실을 운영할 장소가 마땅치 않았는데, 이를 돌봄전담사 선생님, 교감선생님, 교장선생님께 물어볼 때마다 말이 달라지는 바람에, 결국 모두 모아놓고 회의를 해서 결정할 수밖에 없었다. 학교에서 업무 처리를 할 때마다 가장 많은 시간을 소비하는 것이 업무의 방향을 설정해놓지 않아서 생기는 일들이다. 업무의 성패를 결정하는 방향 설정은 무엇보다 중요한 작업이기에 신중해야 한다. 그래서 학교에는 교무 회의를 비롯하여 다양한 명목의 회의 기구가 존재하고, 민주적 절차에 따라 이를 조직하고 운영하려 애쓰고 있다. 이런 회의 기구에 가장 필요하고 중요한 것이 의사 결정 권한이다. 아무리 작은 규모의 회의라도 사전에 안내하고, 구성원들의 합의에 따라 실시하기로 했다면, 의사 결정 또한 그 회의에 전적으로 위임해야 한다. 의사 결정의 권한을 회의의 주체에게 전적으로 부여하고, 이를 따를 수 있는 환경이 정착된다면, 업무의 방향을 설정하는 데 소비하는 시간이 줄어서 교육에 더 집중할 수 있을 것이다.

◆ 위원회를 대폭 줄일 수는 없을까?

학기 초에 생기는 학교 업무 중에서 가장 높은 비중을 차지하는 것이 각종 위원회를 구성하고, 위원회를 주관하는 일이다. 실제 일선 학교에서 갖추고 있는 법정·비법정[23] 위원회를 파악해본 결과 다음과 같았다. 물론 이 모든 위원회를 필수로 설치하고 운영해야 하는 것은 아니지만, 대부분의 학교에서 법정 위원회와 관습처럼 운영해오는 비법정 위원회를 합쳐 30개 정도의 위원회를 각각 다양한 방법으로 운영하고 있었다.

학교에 존재하는 각종 위원회

법정·비법정	위원회 명
법정 위원회	학교운영위원회, 학교교권보호위원회, 학교폭력대책자치위원회, 예결산소위원회, 다면평가관리위원회, 교원인사자문위원회, 교원능력개발평가관리위원회, 개별화교육지원팀, 학교교육과정위원회, 방과후학교소위원회, 약물오남용예방추진위원회, 영재교육대상자학교추천위원회, 정보공개심의위원회, 조기진급·졸업·진학평가위원회, 학교도서관운영위원회, 학교급식소위원회, 의무교육관리위원회, 성과급심사위원회, 가산점대상자선정위원회 등
지침 및 계획에 근거한 위원회	교육공무직인사위원회, 도서(교과서)선정위원회, 학교자체평가위원회, 체험학습활성화추진위원회, 학업성적관리위원회, 성희롱·성고충심의위원회, 물품선정위원회, 교재교구선정위원회, 교육정보화기기선정위원회, 학생복지심사위원회, 학교흡연예방실무위원회, 자살위기관리위원회, 자율장학협의회, 장학생선발위원회, 학교규칙제·개정위원회, 학교선도위원회, 학습준비물구입선정위원회, 공동체생활협약추진위원회, 기초학력보장위원회, 졸업앨범선정위원회, 에너지절약추진위원회, 봉사활동추진위원회, 교복선정위원회 등

* 출처 : 교원 커뮤니티 A

물론 규모가 큰 학교에서는 30여 개나 되는 위원회를 제대로 갖추고 운영할 수도 있겠지만, 소규모 학교의 경우는 그렇지 않다. 대부분 교직원 위원과 학부모 위원이 중복 가입해 있어서 누가 어떤 위원회 소속이고 위원장인지 정확히 모르는 경우가 많고, 한 명의 실무자가 몇 가지 위원회를 동시에 관리·운영할 수밖에 없다. 그래서 최근에는 이런 복잡하고 다양한 위원회를 통합해서 운영하려는 움직임을 보이고 있으며, 교육지원청 단위로 통합운영위원회를 제안하는 곳도 많은 것으로 알고 있다.

각종 위원회 통합 운영 방안(예시)

순	대표 위원회 (통합 위원회)	관련 위원회	비고(법정 위원회*)
1	인사자문위원회 (사립 : 인사위원회)	인사자문위원회* 성과상여금심사위원회* 교사다면평가위원회* 학교폭력 예방 및 해결 등 교원에 대한 승진가산점대 상자선정위원회	• **3인 이상 7인 이하** • 비교과 교사 1명 이상 반드시 참여(학년별 대표 교사, 교육 경력별 대표 교사 등 학교 실정에 맞게 구성) • **사립학교의 경우, 인사위원회 구성**
2	교육과정위원회	교육과정위원회 조기진급·졸업·진학평가 위원회* 영재추천위원회* 학업성적관리위원회*	• **5인 이상 15인 이하** • 교육과정위원회로 통합 운영하되, 학업 성적에 관한 사안 발생 시 학교장을 위원장으로 함 • 운영위 학부모 위원이 학부모 겸임 가능 • 필요시 외부 인사(교육과정 전문가) 참여 가능
3	학교운영위원회*	학교도서관운영위원회* 학교체육소위원회 학교이용단체선정위원회 학교급식소위원회* 예·결산소위원회 방과후학교소위원회 수학여행·수련활동활성화 위원회*	• 5인 이상 15인 이하 ① 200명 미만인 학교 : 5~8인 ② 200명 이상 1천 명 미만인 학교 : 9~12인 ③ 1천 명 이상인 학교 : 13~15인 • 교원, 학부모, 지역위원으로 구성
4	교무위원회	교무위원회 장학생선정심사위원회	• **5인 이상** 학교 실정에 맞게 구성

4	교무위원회	교육복지위원회*	• 상위법 또는 교육청 지침에 특별한 근거가 없을 때, 단위 학교 내부 문제를 해결하는 통합위원회, 추가 위원회 구성이 필요할 때 교무위원회에서 통합하여 처리
		학교교육정보위원회	
5	교구및자료 선정위원회	교구및자료선정위원회, 비품 및기자재구매위원회, 졸업앨범소위원회, 학습준비물선정위원회	• 구매 예정 금액(1천만 원 이상 조달청 물품, 용역) • **7인 이상 9인 이하** • 교직원, 학교운영위원, 학부모 등으로 구성하되 학부모위원 구성 비율이 50% 이상 되도록 함
6	개별화교육지원팀*		• 특수교육 대상 학생의 수만큼 구성
7	교원능력개발평가 관리위원회*		• 교원이 아닌 위원 비율이 50% 이상 되어야 함
8	규정제·개정심의 위원회*		• 학생의 수가 반드시 1/3 이상이 되도록 구성
9	학교폭력전담기구*		• 교감, 학교폭력 담당, 보건, 전문 상담 교사 참여
10	교내위기관리 위원회		• 학교장은 당연직, **5인 이상 10인 이하**
11	의무교육학생 관리위원회* (고등학교는 해당 없음)		• 학교장은 당연직, **7인 이상**
12	학교선도위원회		• 학교 실정에 맞게 구성
13	학교교권보호 위원회*		• 특정 성 비율이 10분의 6을 초과하지 않도록 구성 • 성희롱고충심의위원회 역할 포함
14	학교안전위험성 진단위원회		• 7명 내외로 조직

* 출처 : 교원 커뮤니티 A

하지만 아직도 각 교육청별 구체적인 매뉴얼이 다르고, 제대로 안내가 되지 않아서, 학교별로 다양하게 운영되고 있는 게 현실이다. 또한 각 위원회별 위원장도 다르고, 필수적으로 참여해야 하는 위원의 성격도 달라서, 더 이상 간소화하여 몇 가지로 운영하기도 쉽지 않다. 이러한 위원회를 통합할 수 있는 법령을 신설해서 최소한으로 유지할 수 있도록 한다면, 학교에서 담당해야 할 행정 사무의 양은 대폭 줄어들 것이다.

◆ 연구부장과 교무부장을 아이들에게 보내줄 수는 없을까?

초등학교 교무실을 둘러보면 대체로 교감선생님 옆에 교무부장의 자리가 있다. 교무부장은 학교의 주간 일정을 수합하고, 행사를 전체적으로 관리하는 일을 한다. 학교 일을 가장 많이 하는 사람이기도 해서 언제나 바쁜데, 수업은 일반 교사들과 똑같이 한다. 지방이나 시골 학교로 갈수록 교무부장의 자리는 최악이다. 작은 중학교의 경우 보통 3학급인데 교감이 없고, 초등학교도 5학급이면 교감이 없다. 이렇게 교감이 없는 학교에서는 교무부장이 일정 부분 교감의 업무까지 해야 하기 때문이다.

학교에서 교무부장 다음으로 바쁜 사람을 꼽으라면 단연 연구부장이다. 연구부장은 학교의 교육과정을 기획하고 관리하는 일을 한다. 학사 일정이 변경되면 전체적으로 안내하고, 학사 일정에 대한 논의 자체도 연구부장이 주재하는 회의에서 각 학년 부장 교사들과 함께 진행한다. 연구부장은 1년 내내 교육과정 때문에 바쁜데도, 주 18시간 이상 수업을 맡는 교과 전담이나 담임교사로 근무하는 게 일반적이다. 연구부장으로서 하는 일만으로도 버거운 마당에 다음 날의 수업을 준비할 시간이 과연 있을까?

학교는 교육의 질을 향상하기 위해 교무부장과 연구부장을 학생들 곁으로 보내주려는 노력을 해야 한다. 교무부장과 연구부장은 그 직책에 따라오는 행정 업무 때문에 물리적으로 할 일이 많아서 교사의 본업인 수업 준비, 학습 상담, 생활 상담, 평가 등을 할 시간이 턱없이 부족하다. 학생 교육에 소홀해질 수밖에 없는 이런 구조적 문제에 대한 해결책, 어떻게 하면 찾을 수 있을까? 다음 사례에서 어느 정도 답을 얻을 수 있을 것 같다.

◆ 광주광역시 광주봉주초등학교의 담임교사는 수업만 한다!

광주광역시 광주봉주초등학교의 한 담임교사를 인터뷰한 적이 있는데, 이 학교의 담임교사들은 교무 업무를 하지 않는다고 한다. 교무 업무는 업무지원팀에서 담당하며, 품의는 교무실무사가 맡아서 한다는 것이다. 그만큼 담임교사들은 수업 연구에만 집중할 수 있으니 학생들의 만족도가 매우 높고, 학교생활을 즐거워한다고 한다. 학생들이 만족하면 가르치는 교사도 보람을 느낄 수밖에 없다.

교사는 정성껏 가르치고 학생들은 즐겁게 배우고, 아름다운 교실의 모습이다. 하지만 이런 학교가 많지 않다는 것이 우리 교육계의 현주소

광주광역시 광주봉주초등학교 교사의 담당 업무

담임 소속	성명	담당 업무
1–1	황○○	교육과정 운영 및 생활지도
1–2	한○○	교육과정 운영 및 생활지도
1–3	박○○	교육과정 운영 및 생활지도
1–4	박○○	교육과정 운영 및 생활지도
2–1	오○○	교육과정 운영 및 생활지도
2–2	나○○	교육과정 운영 및 생활지도
2–3	장○○	교육과정 운영 및 생활지도
3–1	노○○	교육과정 운영 및 생활지도
3–2	정○○	교육과정 운영 및 생활지도
3–3	임○○	교육과정 운영 및 생활지도
3–4	최○○	교육과정 운영 및 생활지도
4–1	허○	교육과정 운영 및 생활지도
4–2	이○○	교육과정 운영 및 생활지도
4–3	조○○	교육과정 운영 및 생활지도
5–1	강○○	교육과정 운영 및 생활지도
5–2	한○○	교육과정 운영 및 생활지도
5–3	오○○	교육과정 운영 및 생활지도
5–4	김○○	교육과정 운영 및 생활지도
6–1	박○○	교육과정 운영 및 생활지도
6–2	김○○	교육과정 운영 및 생활지도
6–3	마○○	교육과정 운영 및 생활지도
교과 전담	임○○	교육기획팀장(4학년 영어 6학년 체육)
교과 전담	이○○	교육연구팀장(3학년 과학 5학년 과학)
교과 전담	정○○	생활안전팀장(3학년 과학 6학년 과학)
교과 전담	한○○	문화예술팀장(5학년 영어)

* 출처 : 광주광역시 광주봉주초등학교 홈페이지

교육을 가로막는 벽

다. 광주봉주초등학교의 업무지원팀 교사들은 담임교사들이 수업 준비와 수업에 집중해줄 것을 믿고, 담임교사들은 업무지원팀이 교무 업무로 수고하는 만큼 수업의 완성도를 높여야 한다는 각오로 하루하루를 분주하게 보내고 있다. 광주봉주초등학교 홈페이지에 나와 있는 담임교사의 담당 업무는 '교육과정 운영 및 생활지도'뿐이다. 초·중등교육법과 초·중등교육법 시행령에 따르면, 담임교사의 역할은 학생 교육, 생활지도, 학생 상담이니, 광주봉주초등학교의 담임교사들은 이 법령에 따라서 충실하게 일하고 있는 셈이다.

광주봉주초등학교가 여느 학교와 다른 점은 전체적으로 협업할 수 있는 시스템이 잘 구축되어 있다는 것이다. 이는 교직원 모두 '학생 교육이 학교에서 제일 중요한 가치'임을 인정하고, 학생 교육을 위해 서로 최선을 다하고 있다는 신뢰감에서 출발한다. 광주봉주초등학교의 2021학년도 업무 분장은 다음과 같다.

광주광역시 광주봉주초등학교의 2021학년도 업무 분장(교원)

업무 영역	업무	업무 내용
학교 관리	학교장 (업무지원팀)	안전 및 시설 관리 총괄 / 학교 내 교육 분쟁 조정 / 마을 교육 공동체
총괄	교감 (업무지원팀)	업무 총괄 / 인사 / 학교폭력 가산점 / 학사 관리 / 학교 규정 / 방과후학교 관리, 교육 복지 관리 / 돌봄교실 관리 / 학교 평가(학교 문화 혁신) / 학생·학부모 상담 / 학교 홍보 / 교원 능력 개발 평가 / 대학생 보조 강사 관리 / 교권 교육 / 청렴 교육 / 교육력 제고 관련 학생 동아리 관리

교무 기획	교무기획팀장 (업무지원팀)	교무 업무 / 학교 행사 / 팀장 두레 / 교직원 두레 운영 / 보결 수업 배당 / 장학금 / 학교 방문 / 통일·윤리 교육 / 계기 교육 / 취학 업무 / 학부모 관련 업무 / 방송 / 영재교육 / 진로 교육 / 체육 교육 / 체육 교구 관리 / 스포츠클럽 / PAPS / 기초학력 / 수업 보조 강사
교육 연구	교육연구팀장 (업무지원팀)	학교 교육과정 / 학교 단위 공간 혁신 사업 / 학년 교육과정 지원 / 수업 연구와 나눔 / 교직원 동아리 조직 및 관리 / 혁신학교 업무 / 교육 재능 기부 / 학교 공개 / 교원 연수 / 현장 체험학습 / 평가·통지표 / 생활기록부(기재 요령 안내)
	특수교육 1	특수학급 교육과정 운영 계획 수립 / 학생 및 학부모 상담 / 개별화교육운영위원회 구성 및 운영 / 통합 교육 지원 / 장애 이해 교육 계획 수립 및 운영 / 특수학급 현장학습 계획 수립 / 특수학급 예산 수립 및 운영
	특수교육 2	특수학급 교육과정 운영 / 특수학급 교육과정 운영 계획 수립 / 학생 및 학부모 상담 / 개별화교육운영위원회 구성 및 운영 / 통합 교육 지원 / 장애 이해 교육 운영 / 사회복무요원 포털 및 관리 / 특수교육 관련 공문 처리
생활 안전	생활안전팀장 (업무지원팀)	생활교육 지원 / 인성 교육 / 학생 자치 / 모범 학생 표창 / 학교폭력 업무(어울림 프로그램 포함) / 안심 알리미 / 안전 교육 / 등·하굣길 도우미 / 민주·인권·평화 동아리 지원 / 학생 동아리(창·체 동아리, 자율 동아리)
	보건	보건실 운영 / 보건 교육 / 건강 검사 / 감염병 예방 / 보건 교직원 연수 / 성폭력 예방 / 수질 검사(정수기) / 저소득층 구강 검진(주무)
문화 예술	문화·예술팀장 (업무지원팀)	문화·예술 교육 / 학교 축제 / 계절 학교 / 생태·환경 교육 / 영어 교육 / 개인 정보 보안 / 정보 교육 / 인터넷·스마트폰 사용 습관 조사 / 저소득층 인터넷 사용 지원
	오케스트라	오케스트라단 지원
	학생 동아리	문화·예술 동아리(한○○) / 민주·인권·평화 동아리(안○○) / 역사 동아리(김OO)
	영양	급식 업무 / 급식실 관리 / 학생 급식 지원 / 저소득층 우유 지원 / 텃밭 가꾸기

* 입학 업무 : 1학년 팀장 / 졸업·진급 업무 : 6학년 팀장

광주광역시 광주봉주초등학교의 2021학년도 업무 분장(교육공무 직원)

담당 업무	업무 내용
교무실무사 1	1. 공문 접수 2. 간단 보고·제출 공문 기안, 결재 완료 후 발송 3. 자료 집계 시스템 보고 제출 4. K 에듀파인 과제 카드 관리 5. 학습 준비물 6. 에듀파인 업무, 4·5·6학년 품의 및 연구부 품의 7. 교육 홍보(교무, 연구) 팝업 및 배너 공지 사항 학교 홈페이지 탑재 8. 학교 홈페이지 관리 9. 학교 홈페이지 이달의 행사 입력 10. 월중 교육 활동 시 교육청 보고 11. 교육과정 설문 관련 자료 수합·통계 12. 문화·예술 강사(한국문화예술진흥원 시스템) 관리 13. 수학 보조 강사 활동 일지 수합 및 활동비 품의 14. 연수 지명 명부 대장 관리 및 연수 안내, 자율 연수비 지급 15. 안전공제회 지원 16. 배움터 지킴이 17. 교무실 기자재 관리(플로터) 18. 민원 전화 응대 및 방문객 응대
교무실무사 2	1. 나이스(기관 인증서 관리, 권한 부여, 학적·진급·학사 일정 입력) 2. 전입, 전출(생기부 오류 및 누락 사항 확인) 3. 결석계, 개별 체험학습 신청서 및 보고서 관리 4. 교육행정 전자 서명(인증서) 신청 5. 희망 교실 6. 정보 공시 7. 교육 통계 8. 성범죄 경력 및 아동학대 관련 범죄 경력 조회, 신원 조회 9. 에듀파인 업무(1·2·3학년 품의 및 교무부 품의) 10. 청소 용품(재활용 봉투, 관급 봉투) 11. 교무실 각종 소모품 구입 및 관리 12. 교육과정 관련 자료 수합 및 통계 13. 현수막 제작 14. 학교 전체 열쇠 관리 15. 방학 중 학교 일지 작성 16. 비상 연락망·교실 배치도·교직원 차량 현황 작성 및 관리 17. 인력 채용 분야 서류 접수 및 대장 관리 18. 교무실 민원 전화 응대 및 방문객 응대 19. 학교 행사 지원 20. 우편물, 택배 분배 및 안내 21. 학생 명부 관리
방과후학교 전담	1. 방과후학교 계획 수립, 예산 편성 2. 방과후학교 안내장 제작 발송 3. 장부 관리(수강자 명단, 출석부) 4. 시간표 작성, 교실 관리 5. 방과후학교 지출 품의 (강사비, 수용비, 에듀파인 업무) 6. 방과후학교 강사 채용 7. 방과후학교 관련 자료 수합, 통계 8. 방과후학교 관련 공문 처리 및 발송, 정보 공시 9. 방과후학교 나이스 10. 자유 수강권 관리 11. 방과후학교 관련 민원 처리, 학부모 상담 12. 방과후학교 관련 학교 홈페이지 관리 13. 방과후학교 공개 수업 관리, 축제 시 방과 후 부서 전시·공연 참여 관리 14. 방과후학교 소운영 위원회 운영 및 관리
과학실무사	1. 과학 교구 및 실험 재료 구입 관리 2. 과학 실험 기구, 자료의 준비, 대여 및 관리 3. 과학정보부 관련 공문 처리(자료 집계 포함) 4. 학습 자료의 분류(목록 작성), 보관, 대출, 반입, 점검 5. 과학자료실, 과학실험실 안전 점검과 관리(시약장, 유독물 관리, 시건장치 관리(실습 폐수 관리)) 6. 연간 필수 과학 지도 계획서 작성 7. 과학 실험 일지, 학습 자료 일지 작성 8. 교구 수불 관리, 소모품 수불 관리(에듀파인 업무) 9. 공기 질 검사 10. 정보부 카메라 및 프로그램 CD 관리(대여 대장 관리) 11. IP 대장 및 정보 시스템(패스워드, 기기 대장) 관리 12. 정보 기자재, 시청각 기자재 대장 관리 및 현황 파악 13. 학기 초 개인 정보 동의서 안내 및 수합

사서	1. 학교 도서관 운영 계획 수립, 전 학년 DLS 진급 처리 및 신입생·신규 교사 등록 2. 도서관 이용 교육, 도서 대출증 발급(신입생, 분실자, 전입생) 3. 도서 선정 및 구입(도서 전산화 및 장비 작업) 4. 교과서(주문, 검수, 배부, 수급 대장, 자체 점검표, 헌 교과서) 및 도서 관련 업무 5. 도서관 행사 및 학교 도서관 활성화 프로그램 기획 및 실시 6. 도서 연체자 통보 및 관리(매주), 훼손 도서 파악 및 보수 작업 7. 도서관 활용 수업 지원, 장서 점검 및 도서 제적 및 폐기 8. 학부모독서회 조직 및 운영, 지원 9. 학교 도서관 이용 지도, 학교 도서관 운영 관련 기안 및 지출 품의 10. 장학 자료 등록 및 대장 관리, 학급문고 목록 작성 및 배부, 회수 11. 도서 대출 및 반납, 서가 정리
특수실무사	1. 특수교육 대상자 특기 적성 신청 및 지원비 지급 2. 치료 교육 대상자 신청 접수 3. 특수교육 대상자 학생 지원 4. 특수학급 업무 지원
교육복지사	1. 교육 복지 사업 운영 2. 지역사회 자원 발굴 및 네트워크 구축(화월주 네트워크, 지역사회 복지 협의체) 3. 교육 복지 사례 관리(위기 아동 발굴 및 지원)–화월주 위기관리, 드림스타트위기관리센터, 동협의체 4. 교육복지실 운영 5. 교육비 지원(교육비 원 클릭 신청) 6. 교육 급여 7. 다문화 지원 8. 저소득층 인터넷 사용 지원
전문상담사	1. Wee 클래스 상담실 운영 2. 학생 정서 행동 특성 검사 3. 학교폭력 피해 학생 심리 상담 4. 학교폭력 가해 학생 및 학부모 특별 교육 5. 위기 학생 상담 및 교사 자문 6. 학교폭력 업무(상담실 실적 관련 정보 공시) 7. 상담 관련 공문 처리 8. 상담 실적 나이스 입력 9. 상담 일지 정리 10. 학업중단숙려제 11. 생명 존중 관련 업무 12. 가정폭력 관련 업무 13. 스쿨 클리닉
돌봄전담사	1. 돌봄교실 운영 계획 수립 2. 돌봄교실 예산 및 지출 관리 3. 돌봄교실 학생 현황 관리 4. 돌봄교실 운영 일지 관리 5. 외부 강사 채용, 관리 및 프로그램 운영 관리(외부 강사비 지출 품의) 6. 돌봄교실 신입 및 입급 학생 반 편성 7. 돌봄교실 정리 정돈 및 시설 관리 8. 돌봄교실 관련 공문서 처리 9. 돌봄교실 관련 학교운영회 관련 업무 10. 돌봄교실 간식, 방학 중 중식 업체 선정 및 예산 지출 관리 및 배식

광주광역시 광주봉주초등학교의 2021학년도 업무 분장(교육행정 직원)

업무 내용
1. 학교 회계 예산 수립 2. 학교운영위원회 업무 3. 교육행정 직원 복무 및 인사 4. 행정실 사무 전반
1. 학교 회계(수익자부담 경비 및 유치원 제외) 세입 및 집행 2. 학교발전기금 3. 직인 관리 4. 보안 업무 5. 법인 카드 관리
1. 교직원 급여 2. 맞춤형 복지 3. 유치원 세입·세출·유아 학비 집행 4. 세입·세출회 현금 관리에 관한 사항 5. 지방공무원 및 교육공무 직원, 사회복무요원 관리 6. 재산·시설·민방위
1. 학교 회계 세입·수익자부담 경비 집행 및 결과 공개 2. 물품·재산 관리 3. 시설·소방·민방위 업무 4. 민원(제증명) 발급 및 정보 공개 업무
1. 각종 시설물 유지 관리 2. 인쇄기 관리 3. 아동용 책걸상 수선 및 교내 수목 및 화단 관리 4. 교내 청사 관리 5. 시설 관리
1. 학교급식 운영 보조 2. 급식 조리 3. 급식실 관리 보조

　광주봉주초등학교의 업무 분장을 살펴보면, 업무지원팀의 팀장들(교무 기획, 교육 연구, 생활 안전, 문화 예술)이 업무를 많이 하고 있다. 주당 수업 시수가 12시간이라 상대적으로 전담 시수가 적고, 담임교사가 수업을 더 많이 한다. 그리고 학교 재임 기간 4년 중 1년은 학년 난이도가 높은 5학년을 맡거나 업무지원팀을 해야 한다는 내부 인사 규정이 있어서, 누군가는 업무지원팀을 맡게 되어 있다. 그런데 업무지원팀을 하면서 보람을 느끼는 일이 많아서 자원하는 교사도 있다고 한다. 그리고 일반적으로 교감의 업무 분장에는 '교무 관리'와 '교원 인사' 정도만 표기하는 편인데, 광주봉주초등학교의 업무 분장에는 교감의 업무가 구체적으로 제시되어 있고, 또 사무 처리를 많이 한다는 것을 알 수 있다. 교무실무

사도 여느 학교보다 상대적으로 많은 업무를 맡고 있는데, 교무 회의와 교육과정 워크숍에도 참여한다고 알려져 있다. 구성원들의 학교에 대한 소속감이 강해서인지, 일이 많아도 학교와 교육 발전에 기여한다는 뿌듯함과 보람을 느끼며 일하고 있다고 한다.

◆ 역할의 선택과 집중이 가능한 미국 학교의 조직 구성

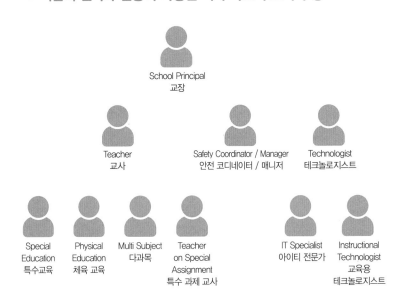

학교 규모나 재정 상태에 따라 다르겠지만, 미국 학교들의 조직도를 살펴보면 대체로 이런 구성을 하고 있다. 학교장 밑으로 교사 그룹이 있고, 따로 세부 운영진이 있다. 알다시피 미국은 총기 소지가 가능하고, 테러 등 학교의 안전을 위협하는 요소가 많은 편이다. 그러한 이유로 대부분의 학교에서 안전을 담당하는 '안전 코디네이터(Safety Coordinator)'

를 따로 두고 있다. 학교에서 안전 관리 교육을 하거나 예방 관련 물품을 구입하는 경우에도 코디네이터가 시스템을 짜고, 과정을 주도한다. 관련한 정부의 수업과 컨퍼런스에도 안전 코디네이터가 참석한다.

최근에는 컴퓨터나 스피커를 비롯한 교구 구매와 기술 쪽을 담당하는 '테크놀로지스트(Technologist)'를 두는 학교도 있고, 더 세분화해서 수리와 설치를 맡는 'IT 테크놀로지스트(IT Technologist)'를 별도로 두는 학교도 있다. 여건에 따라서는 VR(가상현실) 등 새로운 기술을 교육에 접목한 '특별 교실'을 만드는 학교도 많아져서, 이와 관련해 알아야 할 내용들을 교사들에게 제공하거나 미래지향적인 교육의 방향을 제시하는 일을 '교육 테크놀로지스트(Instructional Technologist)'가 맡기도 한다.

교사의 경우 우리나라와 마찬가지로 일반 교과 교사들이 있는데, 그중에 분야에 따라 리더십 역할을 맡고 있는 교사(우리로 치면 교무부장이나 연구부장 등)가 있다. 또 리더십 교사는 교과목에 따라 정해질 수도 있고(과학 리드 교사, 수학 리드 교사…), 프로젝트마다 정해질 수도 있다(도서 프로젝트 리드, 창의·미술 프로젝트 리드…). 그리고 청각·시각이 불편하거나 읽기 학습에 어려움을 겪는 아이들처럼 특별 관리가 필요한 경우를 위해 특수교육(Special Education) 교사가 있고, 체육 활동을 전담하는 체육 교육(Physical Education) 교사, 학교의 특성상 한 교실에서 모든 과목을 한 교사가 가르치는 다 과목(Multi Subject) 교사(특별한 자격이 필요함), 특별한 미션을 가지고 파견되는 특수 과제(Teacher on Special Assignment)

교사도 있다. 특수 과제 교사는 대개 교직원은 아니고, 오랜 교사 경력을 가진 분들이 여러 학교를 돌며 리더십 팀을 도와서 특별 과제를 수행한다는 것이 특징이다.

미국의 학교는 매우 세분화한 업무 분담과 각자 책임에 맞는 명칭 부여로, 그것만 보고도 하는 일이 무엇인지를 확연하게 알 수 있다. 교사들의 행정 업무가 아예 없다고는 할 수 없지만, 안전이나 테크놀로지 관련 행정 업무까지, 조직을 촘촘하게 구성해서 업무를 부여하고 있다. 또한 각 업무를 맡은 교사들이 자신의 역할에 대한 정의도 꽤 명확하게 알고 있는 편이다. 그렇다고 해서 일이 적으냐고 하면 단박에 그렇다고 수긍할 수는 없지만, 적어도 자신이 해야 하는 역할이 명확하게 제시되어 있다는 점에서, 밀려드는 업무량 속에서도 각자 선택과 집중을 할 수 있다.

우리도 협업할 수 있을까?

　　《슬기로운 의사 생활》 같은 의학 드라마를 보면 공통으로 등장하는 아름다운 장면이 있다. 수술을 할 때 환자를 중심에 놓고, 각 과의 의사와 간호사들이 환자를 살리기 위해 한마음 한뜻으로 협업하는 모습이다. 이런 드라마를 볼 때마다 학교도 교육을 중심에 놓고 모두 한마음으로 오직 학생을 지원하는 구조로 갔으면 좋겠다는 생각을 한다.

　학교에는 교사, 교감, 교장, 행정 직원이 있다. 교사는 '학생 교육'으로, 보직교사는 '학교 사무 분담'과 '학생 교육'으로, 교감은 '학교 사무 처리'와 '학생 교육'으로, 교장은 '학교 사무 총괄'과 '학생 교육'으로, 또 교육행정직은 '행정 사무'와 '그 밖의 사무'로 학생들을 지원하도록 되어 있다.

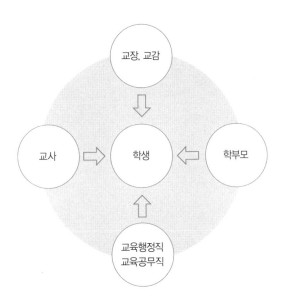

그런데 학교에 있는 사람들이 교육에 대한 철학적 인식 없이 직업 편의주의로만 일하면 학생들에게 최상의 교육 환경을 제공해줄 수가 없다. 따라서 교육행정직은 자신들의 '일반 행정 사무'가 과다하다고 해서 교사들이 그 일을 맡아야 한다고 주장해서는 안 된다. 현재 교장이 해야 할 법적 임무인 행정 사무를 행정실장이 대신해주는 관행을 중단하고, 행정실장도 행정 실무를 하는 방식으로 개편해야 한다. 그래도 인력이 부족하면 교육청에 인원 충원을 요구해야지, 학생 교육을 해야 할 교사들에게 일반 행정 사무를 분담해야 한다고 말하는 것은 학생을 지원하는 올바른 방식이 아니라고 생각한다.

교사들도 비판적인 관점을 가지고 행정 사무에 접근했으면 좋겠다.

그동안 해오던 일이니까 그냥 한다는 관행에서 벗어나, 업무 분장의 권한을 가진 교장에게 '일반 행정 사무'를 교사의 업무로 분장하지 말아줄 것을 요구해야 한다. 교장들도 자신이 교사 시절에 '일반 행정 사무'를 했다고 해서 이런 관행을 후배 교사들에게 대물림해서는 안 되고, 지속적인 업무 분장에 대한 고민을 통해 교사들이 학생 교육에 전념할 수 있도록 해주어야 한다. 교육부와 시·도 교육청도 학교 구성원들이 각자 맡은 역할을 잘 수행할 수 있도록 명확한 기준을 세우고, 직종별 업무 표준안을 만들어서 배포해야 한다. 단위 학교의 자율성을 존중하겠다는 취지로 학교 스스로 결정할 수 있도록 배려한 것이 오히려 학교에 혼란을 주고 있기 때문이다.

교장은 학교 사무를 총괄하고, 교감은 학교 사무를 처리하고, 담임교사는 학생들 교육을 위해 최선을 다하고, 교육행정직 및 교육공무직은 행정 사무와 그 밖의 사무를 수행함으로써 법적 임무를 다할 때, 비로소 학생들에게 '최상의 교육'이라는 선물을 줄 수 있을 것이다.

◆ 혁신을 위한 학교의 리더십이 필요할 때

우리나라에도 학생 교육에만 집중하는 학교를 만들기 위해 애쓰는 교장선생님들이 있다. 이번에는 교장으로서 학교 혁신을 위해 리더십을 발휘한 사례들을 소개해보려고 한다. 교사가 학생 교육에만 집중할 수 있는 학교들의 공통점은 모두 교장선생님의 리더십이 빛났다는 것이다.

먼저 전북 완주에 있는 기숙학교 고산고등학교의 장경덕 교장선생님은 교사들과 소통하고, 학생들과 상담하느라 하루가 어떻게 가는지 모르겠다고 한다. 교사나 학생들은 물론, 지역 주민들과도 소통하기 위해 주중에는 일부러 학교 관사에서 지낸다.

광주광역시 율곡초등학교 김선수 교장선생님은 매일 아침 학교에 출근하면 한 시간씩 바깥 청소를 한다. 수시로 학교를 둘러보며 어질러진 곳을 정리하고, 시설물 점검도 한다. 힘들어하는 학생을 보면 적극적으로 상담에 나서고, 교사들이 연가나 병가를 쓰면 보결 수업에 들어간다. 학교의 중추 역할을 하는 교무부장과 연구부장은 교사 투표로 정하며, 공모 사업과 학부모회 관련 업무도 맡아서 한다. 학교폭력 사안이 발생하면 직접 나서서 행정 실무를 맡기도 한다.

광주광역시 동산초등학교 채란경 교장선생님은 학생들과 수시로 상담을 한다. 고민이 있거나 마음이 힘든 학생들은 교장실로 찾아와 편하게 자신의 이야기를 털어놓고, 그렇지 않은 학생들이라도 점심시간이나 쉬는 시간에 언제든지 교장실에 오면 함께 미술 활동을 한다. 정규 수업도 하고 싶다는데, 교사들이 학생들 상담만이라도 열심히 해달라며 말렸다고 한다. 늘 교사들과 격의 없이 지내려 애쓰고, 학부모회나 '마을 교육 공동체' 행정 실무도 직접 담당한다.

전북 진안에 있는 장승초등학교 최금희 교장선생님은 전담 수업을 한다. 또 고민이 있는 학생들과 주기적으로 만나서 상담을 하며, 방과 후 업무와 돌봄 업무도 맡고 있다. 수업과 업무를 효율적으로 하기 위해 교장실을 상담실로 바꿔놓고, 자신은 교무실에서 근무한다. 그래서 이 학교에는 교장실이 따로 없다.

경기도 의정부시 솔뫼초등학교 최봉선 교장선생님은 학교 교육과정의 실무자를 자처하고 있다. 교사들의 의견을 모아 학교 교육과정을 직접 설계하고, 교사들에게 수업 컨설팅을 하면서 본인도 수업을 통해 아이들을 만나고 있다. 또 교감선생님이 팀장을 맡은 업무지원팀에서 교무학사와 행정 사무를 담당하고, 교육행정직과 교무실무사가 최선을 다해 지원하도록 해서, 교사들은 학생 교육에만 집중할 수 있다.

* 출처 : '징검다리교육공동체'가 제안하는 '학교장의 민주적 리더십을 위한 정책 토론회'

'징검다리교육공동체'가 제안하는 '학교장의 민주적 리더십'을 살펴보면, 학교장은 '학생의 성장과 발달'을 중심으로 '교육과정'과 '학교 행정'의 전문가가 되어야 한다. 구체적으로는 첫째, 교사들과 함께 교육과정을 설계하고, 자발적으로 수업을 나누며, 교원 학습 공동체에 참여하여 질 높은 성취를 통해 교육과정 전문가로 거듭나야 한다. 둘째, 교육청과 지역사회에 대한 이해가 높고, 업무 조직 및 인사에 대한 전문성을 발휘하여 교육 행정에 능통해야 한다. 행정·공무 직원과 함께 학교 행정을 수행하고, 교사·학생·학부모를 위해 행정을 지원하며, 예산 및 시설 관리의 총괄자 되어야 한다. 이것이 곧 '학생의 성장과 발달'을 도모하는 길이기 때문이다. '교장이 바뀌면 학교가 바뀔 수 있다'는 말처럼 학교에서 교장의 역할은 매우 중요하다. 희망적인 것은 이러한 리더십을 발휘하는 교장선생님들이 전국에서 늘어나고 있다는 것이다.

◆ 외국 학교의 리더십

조직에 혁신의 바람을 이끌어내기 위해 보스가 아닌 리더가 필요한 시대다. 특히 혁신을 주도적으로 이끌어가는 미국 내 기업들을 중심으로, 예전의 봉건적 리더십이 아닌 새로운 형태의 리더십 모델링이 이루어지고 있다. 이 현상을 잘 표현한 그림이 있는데, 구글에서 'Boss VS Leader illustration'이라는 키워드로 검색하면 여러 가지 버전으로 볼 수 있다.

Boss VS Leader illustration

　그림에서 보는 것처럼 상사와 리더의 차이는 확연하다. 상사(Boss)는 해결해나가야 할 미션 위에 앉아서 팀원들에게 지시하는 역할만을 하고 있다면, 리더(Leader)는 미션을 짊어지고 있는 팀원들을 이끌며 자신의 힘을 보태는 것은 물론, 그들의 앞에 서서 장애물을 치우고, 방향을 제시하는 역할을 하고 있다. 학교에서 교장선생님과 교감선생님도 이렇게 리더로서 조직원들을 이끌며 책임지는 역할을 해주어야 할 것이다.

　국내외를 막론하고 요즘 교육 현장의 화두는 '혁신'이다. 모두가 혁신의 중심에 서기 위해 고군분투하는 이유는, 미래를 이끌어갈 주역인 아이들을 키우는 학교에서 변화를 원하는 흐름을 무시할 수 없기 때문이다. 급변하는 사회에 적응하도록 어떻게 아이들을 교육할 것인가, 나아가 그 바람을 이끌 인재들을 어떻게 육성할 것인가, 이것이 핵심이다. 그리고 이러한 측면에서 현재 외국, 특히 미국 학교의 교장·교감선생님들은 변화와 방향을 선도하는 위치에 있다.

이 새로운 변화를 주도하기 위해 여러 기업(공기업, 사기업 모두)에서 학교에 적용할 만한 수업을 교사들에게 선보이고 있다. 그중 하나로 'MIT Open Learning Library'에서 운영하는 'Launching Innovation in Schools' 코스는 학교의 커리큘럼을 비롯해 운영 체제에서 어떻게 혁신을 받아들일 것인지에 대한 다양한 프레임 워크를 제공한다. 아울러 그 바람을 주도하는 사람들이 어떠한 마음가짐과 자세를 가져야 하는지에 대한 토론을 주도하고 있다.

이 책의 필자 가운데 한 명이 수업을 들은 2020년에, 여기에 참가한 사람 가운데 70%는 교장선생님이나 교감선생님 또는 리더십 역할을 맡고 있는 교사들이었다. 아무래도 학교에서 변화를 이끌어야 할 책임자 자리에 있다 보니 필요성이 컸을 것이다. 그들의 관심은 아이들이 사회에 나갔을 때 제대로 쓰이는 인재로 클 수 있도록 '사회와 학교의 변화가 동떨어지지 않도록 하는 것' 그리고 그렇게 할 수 있는 시스템을 만드는 것이었다. 다시 말해, 학교에서 지도자 위치에 있는 교장, 교감, 리더십 교사들은 본인들의 역할인 '아이들을 위한 교육 환경'을 만들어주어야 한다는 사명감에서 이 수업을 들은 것이다. 과정이 진행되는 동안, 비슷한 문제를 안고 있는 교장·교감선생님들이 다양한 과제를 수행하기 위해 학교에 리더십팀을 꾸리고, 프레임 워크를 진행하는 것을 지켜볼수 있었다. 그리고 서로 상담하면서 변화를 이끌어나가려 애쓰는 모습에서 능동적인 리더십의 표본을 보는 듯한 인상을 받았다.

미국에는 'CCSS(Common Core State Standard)'라는 것이 있는데, K-12(유치원부터 12학년까지의 학생들)가 언어와 수학 수업을 통해서 매 학년 달성해야 하는 학습 성취 목표를 제시하는 '교육의 표준 가이드라인' 같은 것이다. 미국 대부분의 주 교육부(Department of Education)에서는 CCSS를 공표함으로써 학교와 교사들이 나아갈 교육의 방향성을 제시해준다. 이것을 학교마다 반드시 다 지켜야 하는 것은 아니지만, 교육부에서 내리는 기준인 만큼 대부분의 학교가 이 기준과 방침을 참고하여 학교 운영과 커리큘럼에 대한 전략을 세운다.

가령 캘리포니아 주의 CCSS 관련 홈페이지를 보면 CCSS를 학교에 적용하는 방법에 대한 가이드라인이 나와 있고, 그 안에 초등학교 교장선생님의 역할이 명시되어 있다. 이에 따르면, 교장선생님은 데이터 포인트들을 모니터하고, 결정 과정을 주도해야 하며, 커리큘럼과 지시 사항들이 CCSS 기준에 맞게 이루어지고 있는지를 확인해야 한다. 또 달라지는 방향성에 따라 교사에게 필요한 자기 계발을 지원하고, 학생들이 개개인의 특성과 필요에 맞춰 교육을 받을 수 있도록 환경과 설비를 지원해야한다. 학부모들과 지역사회 일원들에게도 CCSS의 기준을 홍보하여, 어떻게 하는 것이 학생들을 위하는 최선의 방법인지 알게 할 의무도 있다.

이 가이드라인에는 많은 범위의 주제, CCSS를 적용함에 있어서 고려해야 할 사항과 효과적인 방법들이 나와 있지만, 그중에서도 특히 학교의 문화를 이끌어야 할 교장의 역할에 대해 명시해놓은 것이 인상적이다.

* 출처 : https://www.achieve.org/files/RevisedElementaryActionBrief_Final_Feb.pdf, 9쪽
Principals & role when it comes to Implementing CCSS to Schools.

◆ 강한 학교 문화 만들기

교장선생님은 학교 구성원들이 같은 목표 의식과 열정을 가지고 혁신을 받아들이고, 학교 발전에 집중할 수 있도록 신뢰하는 분위기를 조성해주어야 한다. 올바르고 단단한 문화를 가진 학교에는 항상 이런 리더가 있었다. 계속해서 캘리포니아 주 CCSS 홈페이지에 나와 있는 '강한 학교 문화를 만들어가는 리더'의 역할을 살펴보자.

- 구성원들 간에 자주 대화를 나눔으로써 언제나 학생들이 배움에 집중할 수 있도록 하고, 리더 교사, 교육 코치, 테크놀로지 전문가들 사이에 촉매 역할을 하여 파트너십을 쌓는다.
- 배움을 중심에 놓고 학교 운영 체제를 평가하며, 책임과 결정권을 혼자 가지기보다 구성원들과 나눈다. 단·장기적인 대안을 찾기 위해 대화를 통해 협업하는 문화를 쌓는다.
- 결정권을 나누고, 꾸준히 교실을 방문해 소통함으로써 신뢰를 쌓는다. 강한 학교 문화를 만드는 가장 중요한 열쇠가 '신뢰'라는 사실을 명심한다.

- 리더 교사들이 학교 전반에 영향력을 행사할 수 있도록 기회를 제공하고, 리더들을 양성해나간다. 이것이 곧 '많은 일은 많은 리더를 요한다'는 현실에 대비하는 지름길이다.
- CCSS를 적용할 리더십팀을 꾸린다.

* 출처 : https://www.achieve.org/files/RevisedElementaryActionBrief_Final_Feb.pdf, 11쪽
Principals & role when it comes to Implementing CCSS to Schools.

학교의 변화를 이끄는 리더십을 이해하려는 흐름이 미국에만 있는 것은 아니다. 스위스 제네바에 있는 에콜 에덴(https://www.ecole-eden.ch/?lang=en)은 3세에서 12세 아이들을 교육하는 사립학교인데, 학교를 '다른 방식'으로 운영하는 것으로 유명하다. 이 학교에서 내세우는 '다른 방식'이란 단순한 지식 교육이 아니라, 아이들이 사회에 나갔을 때 정말로 필요한 '문제 해결 방법'을 가르치는 것이다. 다시 말해, '아이 개개인의 적성과 장점을 파악해서, 스스로 알아갈 수 있도록 돕는다'는 사명감으로 학교를 운영한다. 프랑스와 스위스의 여러 매체가 앞을 다투어 디렉터(우리나라의 교장)인 마갈리 왈(Magali Wahl)의 학교 운영 체제를 소개했는데, 그녀는 '변화를 주도하기 위해 어떤 노력을 하느냐'는 질문에 다음 세 가지를 꼽았다.

- **변화는 아이들에게만 필요한 것이 아니라는 생각을 가져야 한다.** 학교는 변화하는 사회에 아이들을 내보내기 위해 준비를 하는 곳이다. 교사, 학부모, 행정 등 학교에 있는 모든 어른이 변화를 두려워

해서는 안 된다. 학교는 언제나 앞으로 나아가는 곳이어야 한다는 사실을 잊어서는 안 된다.

- **자원을 허투루 쓰지 말아야 한다.** 우리의 꿈같은 비전이 가능하도록 하려면 자원이 필요하다. 특히 선생님들의 시간은 가장 중요한 자원 가운데 하나다. 그 소중한 자원을 절대 함부로 쓰면 안 된다.
- **교사들을 독려하고, 일의 범위를 정하는 데 균형을 맞춰야 한다.** 디렉터는 우리 팀이 같은 목표를 가지게 하고, 그 방향성과 범위를 제시해주어야 한다. 나는 15년간 학교 디렉터로 일하면서 교사들의 제안에 '노'라는 대답을 한 적이 거의 없다. 만약 교사의 아이디어가 학교의 방향성과 조금 어긋난다면, 충분한 대화를 통해 절충안을 찾아나가면 된다. 이 과정에서 교사가 '존중받고 있다'고 느끼게 하는 것이 중요하다.

놀랍게도 그녀의 대답은 앞서 소개한 미국 CCSS에서 제시한 리더의 조건과 크게 다르지 않았다. 아울러 CCSS에서 명시한 가이드라인을 실질적으로 학교 운영 체제에 반영할 때, 리더로서 어떤 마음가짐을 가져야 하는지를 잘 보여주고 있다.

이 두 가지 사례만 보아도 외국의 혁신학교 리더들이 어떻게 학교를 운영하고 있는지 알 수 있을 것이다. 어른 아이 할 것 없이 끊임없이 변화를 도모하도록 한다는 것, 문제 해결에 직접 참여하도록 한다는 것, 또 교육의 중심에 있는 교사들에게 책임을 일임할 때는 분명하게 한다는 것 그리고 방향성에서 어긋날 때는 다른 방법을 함께 고민한다는 것을 확인할 수 있었다.

외국 학교에서 교장선생님은 부담스럽고 먼 존재가 아니다. 특히 학생이 문제를 일으켰을 때는 직접 학부모 상담에 나서는 사람이기도 하다. 최근에는 문제가 발생하거나 커지기 전에 자주 대화를 통해 예방하자는 바람이 불고 있다. 미국 내 교육 단체들을 검색하면, 교장이 학부모 미팅을 할 때 참고할 만한 가이드라인 자료집을 쉽게 찾아볼 수 있다. 그중 하나가 '부모-교장선생님 대화(Parent-Principal Chats)'인데, 특히 'Teaching for Change'라는 단체에서 제공하는 정의를 보면 이렇다.

'부모-학교장 대화(부모-학교장 커피 타임)'는 부모, 아이를 돌보는 사람 그리고 학교의 리더들이 동반자로서 매달 만나 학생들의 학업과 학교 발전에 관련한 아이디어를 내고, 서로의 생각을 나누며 배우는 기회다. 이 만남에서 가족들이나 학교장은 서로 많은 이야기를 통해 정보를 공유하고, 문제를 해결할 시간을 갖는다.

* 출처 : https://www.teachingforchange.org/educator-resources/parent-organizing/parent-principal-chats.

사전 모임에서 대화를 나눌 때뿐만 아니라 사후 상담을 하거나 문제에 대처할 때에도, 외국의 교장선생님들은 담당 교사를 동반하고 아이·학부모와 만나는 자리에 간다. 영화에서도 학교에서 사고를 친 학생이 한

두 번의 경고에도 개선하지 않으면, 힘 들이지 않고 "You will go to the Principal's room now!(너 지금 당장 교장실로 가자)"라고 말하는 것을 볼 수 있다. 학부모가 교사를 만나러 가는 것은 물론이고, 교감이나 교장의 호출을 받고 아이와 함께 생활교육을 받으러 가는 경우도 많다. 교사의 업무 가운데 생활교육과 상담이 꽤 힘겨운 비율을 차지하고 있는 만큼 이런 일을 교장선생님이 같이 해주는 문화, 참고할 만하다.

◆ 우리나라 교육 현장에서 리더의 올바른 역할은?

초·중등교육법 제20조 제1항과 제2항을 분석해보면 교장의 법적 임무는 '교무 총괄', '교직원 지도·감독', '학생 교육'이고, 교감의 법적 임무는 '교장 보좌', '교무 관리', '학생 교육'이다.

초·중등교육법 제20조(교직원의 임무)

① 교장은 교무를 총괄하고, 소속 교직원을 지도·감독하며, 학생을 교육한다.

② 교감은 교장을 보좌하여 교무를 관리하고 학생을 교육하며, 교장이 부득이한 사유로 직무를 수행할 수 없을 때에는 교장의 직무를 대행한다. 다만, 교감이 없는 학교에서는 교장이 미리 지명한 교사(수석 교사를 포함한다)가 교장의 직무를 대행한다.

그런데 현실의 학교에서는 교장이 해야 할 교무 총괄이나 교사를 지도·감독하는 일을 주로 교감이 하는 편이고, 그러다 보니 교감이 다른 임무에 소홀한 경우가 더러 있다. 교사들이 교감을 '관리자'로 인식하는 이유는, 교감의 법적 임무에 '교무 관리'가 들어 있기 때문일 것이다. 학교 내 조직원들의 역할을 분명히 규정하기 위해서라도 '관리자'에 대한 법적 의미를 알아볼 필요가 있다. 우리는 교육부에 물어보았고, 다음과 같은 답변을 받았다.

Q1 교감은 관리자가 맞나요?

A1 초·중등교육법 제20조(교직원의 임무)에는 교장, 교감, 수석 교사, 교사, 행정 직원의 임무에 대하여 명시되어 있을 뿐, 초·중등교육법 시행령, 교육공무원법, 교육공무원 임용령 등의 법령에도 '관리자'라는 용어는 명시되어 있지 않습니다.

Q2 교감에게 교사의 복무 및 업무 전반에 대한 지도·감독권이 있나요?

A2 초·중등교육법 제20조 법령 해석례에 따라 교장의 소속 교직원을 지도·감독할 임무에 대응하는 교감의 임무는 별도로 규정되어 있지 않은 바, 소속 교직원에 대한 지도·감독권은 기본적으로 교장에게 부여된 것으로 보아야 할 것입니다.

Q3 교감은 교무(학교 사무)의 처리자가 맞나요?

A3 초·중등교육법 제20조(교직원의 임무) 제2항에 따라 교감은 교장을 보좌하여 교무를 관리하도록 되어 있습니다.

표준국어대사전에 따르면 '보좌'는 '상관을 도와 일을 처리함'이라는 뜻이고, 법제처 해석에 따르면 '관리'는 '맡은 일을 처리함'이다. 따라서 교감은 '상관인 교장을 도와 학교 업무를 맡아 처리하는 사람'이라고 해석할 수 있을 것이다. 교육부의 답변은 교감의 '교무 관리'를 '학교 업무 처리'로 해석했다. 사실 교감이 학교 사무를 본격적으로 처리하면, 가장 혜택을 받는 사람은 교사가 아니라 아이들이다. 교사가 학교 사무를 덜 하면 그만큼 수업 준비에 시간을 쓰거나 아이들과 상담할 기회를 많이 가질 수 있기 때문이다.

지금도 교사들의 수업 부담이 큰 편인데 2022년부터는 더 늘어나게 된다. 가령, 전라북도의 경우 초등학교의 전담 교사 수가 줄어든다. 교육부가 학령인구 감소를 사유로, 학급 수가 아닌 학생 수 대비 교사를 배정하기로 했기 때문이다. 보통 전담 교사는 3~6학년 3학급당 0.75명으로, 2021년까지는 0.75명인 학교에도 반올림해서 1명을 보내주었다. 그런데 2022년부터는 3~6학년이 3학급밖에 없는 학교에는 아예 전담 교사를 보내주지 않기로 한 것이다. 또 2021년에는 2.25명인 학교에도 올림해서 3명의 전담 교사를 보내주었다면, 2022년부터는 2명만 보내준다. 전라북도의 학교는 전체적으로 약 1명의 전담 교사를 배정받지 못하게 되어서, 학생들이 과학과 영어 등 전담 교과에서 질 높은 수업을 받을 기회도 줄어들게 되었다.

이런 위기 상황을 어떤 식으로 해결해나가면 좋을까 고민하다가, 지금은 잘 되고 있지 않지만, 하나의 방법으로 교감과 교장이 수업을 하도록 할 수는 없는지 알아보았다. 특히 법적으로 문제가 되지 않는지 확인하기 위해, 교육부에 초·중등교육법 제20조 제1항과 제2항에 나오는 교장의 법적 임무인 '학생 교육', 교감의 법적 임무인 '학생 교육'이 어떤 의미를 갖고 있는지 질의하여 다음과 같은 답변을 받았다.

학생 교육에 대한 교육부 교원정책과의 답변

안녕하십니까? 교육부 교원정책과입니다. 귀하께서는 초중등교육법 제20조와 관련하여 '학생을 교육한다'는 의미 등에 대하여 질의하신것으로 이해됩니다. 이에 대하여 다음과 같이 답변 드립니다.
교육기본법 제14조에 따르면 교원은 교육자로서 갖추어야 할 품성과 자질을 향상시키기 위해 노력하여야 하며, 교육자로서의 윤리의식을 확립하고, 이를 바탕으로 학생에게 학습윤리를 지도하고 지식을 습득하며, 학생 개개인의 적성을 계발할 수 있도록 노력하여야 한다고 되어 있으며, 초중등교육법 제20조(교직원의 임무)에서 교장, 교감, 수석교사, 교사는 '~ 학생을 교육한다'라고 규정하고 있습니다. 이에 따라 수업 및 연구, 생활지도를 교원의 본연의 업무로 볼 수 있을것입니다.

교육부는 교장과 교감의 법적 임무인 '학생 교육'을 '수업 및 연구, 생활지도'로 보았다. 그렇다면 교장과 교감이 교육 현장인 교실에서 수업을 할 수 있다는 말이 아닌가. 교장이 수업을 하는 것은 수평적 리더십을 발휘할 수 있는 좋은 기회이기도 하고, 병원에 비유하자면 병원장이 진료와 수술에 참여하는 것과도 다르지 않다. 병원장이 병원장이지만 의사로서 진료와 수술을 하듯이, 학교장도 학교장이지만 교사의 정체성을 가지고 있으므로 수업을 통해 학생들을 만나면 좋을 것 같다.

전라북도에서는 교육 경력 20년이 되면 교감으로 승진하는 교사들이 늘어나고 있다. 승진 점수 체계가 교육 경력 '25년 만점'에서 20년으로 단축되었기 때문이다. 그리고 교육 전문직 응시 경력도 '15년 이상'에서 12년으로 줄었다. 우리가 젊은 교감선생님들에게 기대하는 것은 과거와 달리, 적극적으로 수업을 하는 교감선생님이 많아지면 하는 것이었다. 그런데 그런 교감선생님은 얼마 되지 않는다. 적어도 교사가 연가나 병가를 냈을 때, 보결 수업을 하는 교감선생님만이라도 늘었으면 좋겠다.

최근에 자기감정 조절을 잘 못해서 교실에서 교권을 침해하거나 수업을 방해하는 학생들이 늘어나고 있다. 이러한 위기 학생을 교감선생님과 교장선생님들이 적극적으로 관리하고 상담해주면 좋겠다는 바람도 가져본다. 우리나라 학교의 교감선생님과 교장선생님들이 학교 사무 처리와 수업, 학생 상담에 적극적으로 참여해서 학생들에게 최상의 교육을 선물해준다면, 아이들의 성장에도 큰 도움이 되지 않을까?

◆ 경기도교육청이 교사의 업무 줄이기에 나섰다!

2021년 11월 13일, 한 초등 교사 커뮤니티가 시끄러웠다. 경기도교육청 혁신TF팀에서 기존에 교사들이 하던 행정 업무를 덜어주는 파격적인 업무 분담 모델을 만들었기 때문이다. 교직 내에서 교사와 교육행정직은 업무 갈등이 잦은 관계다. 둘은 떼려야 뗄 수 없을 만큼 가깝게 지내기도 하지만, 어느 순간 업무 갈등으로 인해 감정이 쌓이는 관계이기도 하다. 교사 입장에서는 교육행정직이 해야 할 성격으로 보이는 '행정 사무'가 교사에게 떠넘겨지는 것이 달갑지 않고, 교육행정직 입장에서는 학교가 다수를 차지하는 '교사 위주로 돌아간다'는 소외감 때문인지 교사 집단을 배타적으로 대하기도 한다.

이런 현실에서 초등 커뮤니티에서는 교육행정직과 교사가 만나 새로운 업무 분장에 합의했다는 사실 자체를 의미 있는 일로 평가했다. 합의한 내용의 큰 틀을 간추리자면, 일단 시범학교에는 1~2인의 교육행정직을 증원한다. 이에 따라 교무 업무 담당자가 구체적인 물품 내역 및 산출의 기초를 포함한 계획을 수립하면, 회계 업무인 품의는 교육행정직이 담당하기로 했다. 또 교무 업무 담당자가 강사 채용 계획을 수립하면, 채용 업무(채용 → 공고 → 심사 → 계약 체결 → 채용 서류)는 교육행정직이 담당하기로 했으며, 교과서의 주문과 공급 및 정산 보고도 교육행정직이 맡기로 했다.

그동안 교사가 주로 해오던 기자재 운영 관리, 기자재 선정 및 계약, 구매 그리고 정보부장이 해오던 정보 공시 권한 부여 및 인증서 발급 업무도 교육행정직이 맡기로 합의했다. 교사들 사이에서 교사의 업무로 간주하는 걸 의아하게 여겼던 정보 보안 및 정보 보호 업무의 총괄, 교직원 교육과 관련한 사무인 정보·통신·윤리 및 개인 정보 보호 교육과 저작권 관리 및 관련 교육도 교육행정직이 담당하기로 했다. 방송 교육이라는 명목으로 그동안 교사가 담당했던 방송실 운영 계획 수립, 방송 기자재 운영, 각종 교육 영상 방송 및 행사 지원도 교육행정직이 맡아서,

수업 중에 교사가 방송에 동원되지 않도록 했다.

그 밖에도 경기도교육청 소속의 학교에서는 교사가 주로 담당했던 소방 훈련과 재난 대피 훈련, 학교 환경 정화 구역 관리 및 정기 점검, 청소 용품 수요 조사 및 구매 후 배부, 교사들 사이에서 가장 비판이 컸던 CCTV 설치 및 운영 사무 전체도 교육행정직이 담당하기로 했다. 또 학교운영위원회 업무와 대체로 보건교사가 담당했던 미세 먼지 학교 내 교육 예보와 공문 보고, '배움터지킴이' 채용 및 활동 관리, 초등 돌봄, 유치원 방과 후 과정, 방과후학교 사무, 유아 학비 업무도 교육행정직이 맡기로 했다. 중등 교사가 주로 담당했던 수업 시간표, 학생증 발급, 봉사활동 확인서 발급 및 대장 관리도 교육행정직으로 이관되었다.

경기도교육청 조직혁신TF의 행정직 이관 시범 운영 대상 사무

공통	1. 회계 업무 : 품의, 견적, 업체 선정, 계약(주문), 물품 검수 및 등록 2. 강사 채용 : 채용 공고→심사→계약 체결→채용 서류 수합 3. 교과서 : 교과용 도서 주문, 공급 및 정산 보고 4. 스마트 원격 교육 : 원격 교육 관련 기자재 운영 관리, 기자재 선정 및 계약, 구매 5. 정보 업무(시스템 권한 부여) : NEIS, 정보 공시 권한 부여 및 인증서 발급 6. 정보 업무(정보 보호) : 정보 보안 및 정보 보호 업무 총괄, 정보·통신·윤리 및 개인 정보 보호 교육, 저작권 관리 및 관련 교육 7. 방송실 운영 : 방송실 운영 계획 수립, 방송 기자재 운영, 각종 교육 영상 방송 및 학교 행사 지원 8. 각종 안전 훈련 : 공공기관 합동 소방 훈련 계획, 재난 대피 훈련 계획(민방위 훈련 포함), 재난대응안전한국훈련 자체 계획 9. 시설 보호 : 학교 환경 정화 구역 관리 및 정기 점검, 학교 환경 구역 관련 학교 의견 제출, 교통 시설 및 방범 시설 요청, 유관 기관 협조 10. 환경 관리 : 청소 용품 수요 조사 및 구매 후 배부

공통	11. CCTV 관리 : 사무 전체 12. 미세 먼지 : 학교 내 교육 예보, 공문 보고 13. 배움터지킴이 : 채용 및 활동 관리
유아 초등	1. 학교운영위원회(초등) : 사무 전체 2. 초등 돌봄(초등), 유치원 방과 후 과정(병설 유치원) : 사무 전체 3. 방과후학교(초등) : 사무 전체 4. 유아 학비(병설 유치원) : 유아 학비 청구, 정산, 카드 단말기 관리
중등	1. 수업 시간표 작성 2. 학생증 발급 3. 봉사활동 관리 : 교내외 봉사활동 확인서 발급 및 대장 관리

* 출처 : 교육플러스(2021.11.23.)

혁신TF팀의 이 계획은 학교에 근무하는 교육행정 직원들의 엄청난 반발에 직면하여 경기도교육청 게시판은 항의 글로 도배가 되었다. 그런데 교육행정직은 초·중등교육법 제20조 제5항에 의거, '행정 사무'와 '그 밖의 사무'를 담당하도록 되어 있다. 따라서 교육행정직의 집단 저항이 법적으로는 합리적으로 보이지 않는다. 그리고 이 논쟁이 교사와 교육행정직 간 세력 다툼에 그쳐서도 안 될 것이다. 이러한 시도를 통해서 교사와 교육행정직이 상생할 수 있는 해결책을 모색해야 하고, 교사의 주요 할 일은 '학교교육', 교육행정직이 해야 할 일은 '행정 사무'라는 사실을 분명히 하는 것만이 아이들에게 최상의 교육을 제공할 수 있는 길이기도 하다. 경기도교육청 혁신TF팀의 유쾌한 시도가 우리나라 교육행정사에 길이 남기를 바라며, 학교 현장에서 실현되기를 소망해본다.

◆ 강원도교육청에는 업무 기준안이 있다고요?

　생활부장을 할 때 'CCTV 설치 현황 보고' 공문을 받은 적이 있다. 나는 교사의 의무가 아니라고 생각해서 행정실에 의뢰했는데, 무슨 일인지 행정실에서는 생활부장인 내가 해야 하는 일이라고 주장했다. 몇 번의 의견 충돌 끝에 결국 내가 보고를 했지만, 시설물에 해당하는 CCTV 설치 현황까지 교사가 보고해야 한다는 사실에 강한 의문이 들었다. 만약 학교에 교무실과 행정실 업무의 표준안이 마련되어 있었다면 쓸데없는 감정과 시간 낭비를 피할 수 있지 않았을까. 이러한 갈등을 줄이기 위해 강원도교육청에서는 '단위 학교 부서별 업무 기준안'을 만들어서 행정실과 교무실의 업무를 다음과 같이 구분해놓았다.

강원도교육청 2020 단위 학교 부서별 업무 기준안(유·초·중·고·특 공통 적용)

번호	과제	과제 카드 및 내용	부서	업무 영역	비고
1	공문서 처리	문서 접수	행정/교무	3/1	1안 : 행정실에서 배부 2안 : 교무실과 행정실에서 각각 배부/접수
		문서 처리	행정/교무	3/1(2)	
		문서 발신	행정/교무	3/1	
2	각종 통계 관리	각종 행정 통계 관리	행정	3(2)	
3	학교 교육과정 운영	학교 교육과정 운영 계획 수립 및 운영	교무	2	
		학교 교육과정 평가	교무	2	
		평가지 인쇄	행정(교무)	3(2)	인쇄 : 행정실 인쇄 입회 및 보안 : 교사

4	감사 및 청렴 업무	감사 업무	행정	3	
		행동 강령 업무, 청렴, 부정청탁금지법	교무	1	청렴 서약서 폐지
		공직 기강 확립 업무	행정	3	
8	CCTV	CCTV 설치 및 유지 보수	행정	3	CCTV 수량, 해상도 조사 등
		CCTV 운영 및 접근 권한(시설 관리 / 학교폭력 예방)	행정/교무	3/1	CCTV 카메라 및 모니터 위치는 학교별 자율 결정
9	차량 관리	차량(유치원 택시) 관리 및 임차 계약	행정	3	
		차량안전도우미 복무 관리	교무	1	안전도우미 복무 (1, 교감)
		통학 차량 배차 신청	교무	1	

~ 중략 ~

127 (신설)	학교 미세 먼지 관리	미세 먼지 대응 교육 관리	교무	1	총괄 관리
		미세 먼지 대응 행정 관리	행정	3	차량 2부제, 공기청정기 유지 관리
128 (신설)	마을 선생님 운영	신청, 운영	교무	2	교육과정, 방과 후 과정 포함
		수당 지급 요청	교무	1	
		성범죄, 아동학대 범죄 전력 조회	행정	3	
129 (신설)	개발도상국 교육 정보화 지원 불용 PC 수거	불용 PC 파악 및 수거	행정	3	

130 (신설)	우유 업무	학교 우유 공급 계획	교무	2	
		학교 우유 위생 관리	교무	2	
		우유 수요 학생 조사, 전출입 관리	교무	1	

* 업무 영역 : 1 교육활동지원팀 / 2 교무실 해당 부서 / 3 행정실 / 4 교육지원청 / ( ) 협조 부서

강원도교육청은 부서별 업무 기준안은 만들었지만, 아직 직종별 업무 표준안을 제안하지는 못한 상태다. 앞으로 이러한 한계를 극복하고 보완해야 할 점도 많지만, 그래도 17개 시·도 가운데 유일하게 존재한다는 것만으로 고마운 첫 걸음을 내디뎌주었다. 이미 한 단계 물고를 튼 만큼 부서별 업무 기준안을 뛰어넘어 직종별 업무 표준안도 만들고, 이 모델이 다른 시·도 교육청에도 보급되기를 기대해본다. 그리고 모든 시·도 교육청이 이런 식으로 부서별 업무 기준안을 제공한다면, 행정실과 교무실 사이에 역할 분담을 놓고 불필요한 감정싸움을 하는 일은 줄어들 것이다. 아울러 교사들은 수업 준비에 집중할 수 있을 것이다.

2021년 9월 14일, '학교에 행정실을 둔다'는 조항이 담긴 전라북도 도립학교 설치 조례가 통과되었다. 이에 따라 전라북도교육청에서는 행정실 업무로 판단한 것은 행정실이라고 표기해서 공문을 보내고, 교무실 업무로 판단한 것은 교무실이라고 표기해서 보냄으로써, 교무실과 행정실의 업무 갈등을 최소화하려는 노력을 시도했다. 이 점도 참고했으면 좋겠다.

◆ 외국 학교의 협력 구조 : 내 일 네 일 구분 없는 스위스 학교

앞서 리더십 사례에서 스위스 제네바의 사립학교 에콜 에덴은 교육 혁신이 학교의 중요한 정신이며, 전반적인 학교 분위기와 운영 체제도 여기에 맞추어 일반 학교들과는 조금 '다르게' 운영한다는 이야기를 했다. 에콜 에덴의 사례를 더 자세히 소개해보려고 한다.

스위스의 사립학교 '에콜 에덴'의 조직 구성

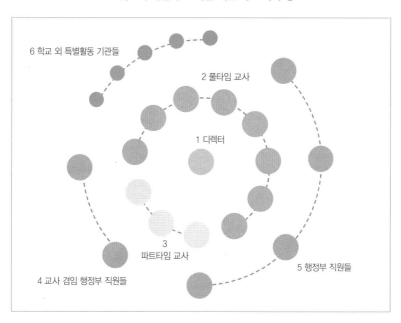

에콜 에덴에는 풀타임 교사 8명(그림 #2), 파트타임 교사 3명(그림 #3), 학교 행정부에 있으면서 교사 역할을 겸임하는 직원 교사 2명(그림 #4), 이렇게 교육을 책임지는 교사가 전부 13명 있다. 주목할 점은 교감은 따

로 없고, 디렉터(교장)가 교사 및 행정부 교사들과 함께 교장이자 교감 역할을 맡고 있다는 것이다.

운영진으로는 급식 담당, 환경 담당 등 4명의 풀타임 행정부 직원들이 있고(그림 #5), 교사와 행정부 일을 병행하는 2명(그림 #4)이 있다. 이 두 명 중 한 명은 주로 행정부에 있지만, 일주일에 한 번씩 교실에서 '표현하기' 수업을 하고, 다른 한 명은 주로 학교 내 테크놀로지 관련 업무를 담당하지만, 일주일에 한두 번 교실에서 '코딩' 수업을 한다.

재미있는 점은 '코딩' 교사는 원래 학교의 기술적인 문제를 책임지는 사람이었는데, 코딩 교사를 구해야 하는 시점에 교육용 프로그램과 교구에 대한 제안을 해왔고, 그 열정과 학생들을 사랑하는 마음을 높이 사서 디렉터와 운영진이 수업을 제안했다는 사실이다. '표현하기' 수업을 가르치는 행정 교사의 경우에도 학교에서 감정 교육의 필요성을 느끼던 터에 당사자가 수업에 대한 의지를 적극적으로 표출함으로써, 학교의 비전을 잘 이해하는 행정 교사의 뜻을 인정한 학교 운영진이 수업을 맡기기로 했다고 한다. 그 밖에 방과 후 수업이나 특별활동 등은 외부 업체나 기관에 의뢰해서 진행한다(그림 #6).

디렉터(그림 #1)는 학교 일 전반에 관여한다. 아침 8시 30분, 교사들이 수업을 하려고 교실로 들어가면 디렉터는 대개 학부모 상담으로 하루를 시작한다. 상담은 문제 상황에 놓인 학생들만이 아니라 학습 향상에 대한 부분, 또 부모가 가정에서 아이의 교육을 위해 해주면 좋을 내용들까지를 다룬다. 한 달에 한 번은 공통의 질문이 있는 학부모들을 대상으로 모임을 갖고, 앞으로 나아갈 방향에 대한 프레젠테이션을 해주기도 한다. 때로는 교사들과 함께 수업에 참여하기도 하며, 매주 수요일에는 교사들과 특별활동에 대한 아이디어 회의를 하고, 행정부와는 수시로 결정해야 할 일들을 놓고 업무 회의를 진행한다.

에콜 에덴은 전교생이 85명 정도 되는 작은 학교다. 만약 모든 교사가 같은 시간에 학교에 있다고 한다면, 학생 6.5명당 교사 한 명이 있는 셈이다. 한 교실의 학생 수는 10~18명, 과목마다 메인 교사 한 명, 경우에 따라 보조 교사 한 명이 들어간다. 보조 교사가 들어가는 것은 다음과 같을 때다.

- 프로젝트 성격의 수업이라 학생들을 모둠으로 나누고, 도움을 주어야 할 때
- 학생들의 나이가 어려서 돌봄이 필요할 때
- 새로 진행하는 수업이라서 방향성을 찾기 위해 교사 간 협력과 피드백이 필요할 때

아무래도 에콜 에덴은 규모가 작은 학교라서 절차로부터 자유롭고, 민주적으로 운영하는 것이 가능해 보인다. 에콜 에덴은 대안학교가 아니지만, 특히 대안학교들의 경우는 학교 행정을 결정 짓는 프로세스가

매우 간단한 편이다. 학교 자체적으로 학생들의 학습에 도움이 되고 효과가 있다고 판단하면, 교육 운영 체제를 유동적으로 디자인하고 바꿀 수 있기 때문이다. 정부의 규제에서 조금만 벗어나도 학교는 이렇게 자체적인 운영 체제를 갖출 수가 있게 되고, 행정부와 교사들 사이의 소통도 원활해진다. 에덴 에셀의 특징과 장점을 구체적으로 소개하면 다음과 같다.

- **일괄된 학부모들과의 커뮤니케이션** : 에콜 에덴에서는 특히 학부모들과의 커뮤니케이션이 꽤 큰 부분을 차지하고 있는데, 수업하기에도 바쁜 교사들이 언제 학부모들과 커뮤니케이션을 할 시간이 있을까? 에콜 에덴에서는 학생 개인의 성장에 관한 이야기를 해야 하는 경우가 아니면 모든 커뮤니케이션을 행정부에서 맡고 있다. 교사의 개인 연락처를 학부모들이 아는 경우도 없거니와, 교사들도 개인적으로 학부모에게 직접 연락하는 일은 드물다. 이유는 두 가지. 하나, 교사는 수업을 준비하고, 수업을 하는 데만도 시간이 부족하기 때문이다. 둘, 다른 학교보다 훨씬 진보적인 사상과 운영 체제를 바탕으로 언제나 변화를 추구하기 때문이다. 이러한 학교의 방향성을 학부모들도 잘 알고 있어서, 이를 인정하고 함께 나아가야 한다는 것을 받아들이고 있다. 학교에서 학부모들에게 내보내는 메시지에는 일괄성이 있어야 한다는 판단 아래, 학교에서는 행정부를 통해서만 목소리를 전달하고 있다.

- **매끄러운 위기 대처(코로나 상황의 예)** : 전 세계의 모든 학교가 그렇겠지만, 코로나 시국을 겪으며 안전 및 청결 수칙, 원격 수업, 학교 내 인원 제한 등 운영 체계에 많은 변화를 겪어야 했다. 에콜 에덴도 예외는 아니다. 지금은 너나없이 발 벗고 나서서 해결해나가야 하는 상황이기에 교사들의 참여가 아주 없다고는 할 수 없지만, 여전히 에콜 에덴에서는 행정부와 디렉터의 지휘 아래, 교사들은 일부 역할과 자신의 수업에만 충실하면 된다. 원격 수업은 당연히 테크놀로지스트가 도맡아서 체제를 디자인하고 교사들을 트레이닝하며, 학부모에게 보내야 하는 매뉴얼과 공문은 행정부에서 알아서 작성한다. 교내 인원 제한으로 인해 수업을 분리하고 동선을 짜는 일도 오롯이 행정부에서 하며, 교사들에게는 매뉴얼만 전달한다. 학부모와의 커뮤니케이션도 행정부의 협력을 받아서 디렉터의 이름으로 전달한다.

- **학생들을 위한 다양한 교육 포맷 제공(예 : 현장학습)** : 에콜 에덴에는 프랑스의 공립학교에서 이직해온 교사들이 몇 있는데, 이들이 하나같이 하는 말은 에콜 에덴에서는 새로운 일을 시도해볼 가능성이 많다는 것이다. 현장학습 등 아이들에게 새로운 경험을 제공하고 싶을 때에도 프로세스가 간단해서 여러 가지 아이디어를 내고 의욕적으로 해볼 수 있다. 덕분에 학생들은 다양한 경험을 통해 질 높은 교육을 받을 수 있다. 코로나 이전에는 분기마다 한 번씩 극장에 가서 영화를 관람하거나 숲에 가서 버섯을 따는 등 현

장학습을 했다. 그때의 프로세스는 이렇다. 교사나 디렉터에게 현장학습에 대한 아이디어가 떠올랐다 → 디렉터와 교사가 아이디어를 논의하여 진행 여부를 결정한다 → 진행하기로 결정하면 행정부에 알린다 → 행정부가 교사와 함께 필요한 내용을 체크하여 세부 사항을 결정한다 → 행정부가 해당 반 학부모들에게 현장학습에 대해 알리고 참여할 학생들의 숫자를 파악한다 → 현장학습을 진행한다.

초·중등교육법 제20조 제4항에 해당하는 '교사는 법령에서 정하는 바에 따라 학생을 교육한다.' 이 단순한 원칙을 일반 학교에서 제대로 실천하기란 말처럼 쉽지가 않다. 그 원인은 교장들의 수직적인 리더십 때문일 수도 있고, 관료제적인 우리의 조직 문화 때문일 수도 있고, 학교 내 파편화한 직종들끼리 서로 협력하지 않는 분위기 때문일 수도 있다. 시·도 교육청에서 책임을 회피하려고 단위 학교에 자율권을 부여하는 바람에 직종별로 해야 할 일을 정확히 모른다는 점도 한몫할 것이다. 신뢰가 바탕에 깔려 있지 않은 사회와 조직은 늘 책임 소재를 분명히 하려고 공문서를 남발하기도 한다.

이러한 문제와 갈등은 오직 '아이들에게 최상의 교육을 제공하기 위해서 우리는 어떻게 지원해야 하는가?'라는 질문 하나로 해결책을 찾을 수 있을 거라고 생각한다. 학교 내에서 권한이 가장 많은 학교장부터 수평적 리더십을 발휘할 필요가 있을 것이다. 학교가 먼저 관료제를 뛰어

넘어 교사가 창의적이고 자율적인 교육과정을 운영할 수 있도록 기반을 마련해주고, 직종별로 '아이의 성장'이라는 공동의 목표 아래 협력할 수 있도록 지원해야 한다. 또 민원에 대비하기 위한 과도한 공문서의 작성도 중단해야 하고, 시·도 교육청에서는 직종별 표준 업무 가이드라인을 만들어서 배포해야 한다. 교육을 방해하는 요소가 무엇인지 다 같이 고민해서 찾아내고, 서로 연대하여 하나씩 극복해나가려고 애쓸 때, 비로소 공교육은 정상화될 것이라 믿는다.

3부

DREAM!
우리는 아이들의 성장에
한 발씩 다가갑니다

교사의
전문성이란?

"신규 교사와 정년을 앞둔 교사 중에서 자녀의 담임을 선택할 수 있다면, 어느 분을 원하십니까?"

최근에 실시한 학부모 연수에서 이런 질문을 던져보았다. 대부분의 학부모가 신규 교사를 선택하고 싶다고 대답했다. 이유를 물어보니, 신규 교사가 아이들을 가르치는 데 더 열정적일 것 같다는 것이다. 이번에는 질문을 바꾸어보았다.

"당신이 심각한 병에 걸렸고, 바로 수술을 해야 합니다. 경력이 얼마 안 되는 젊고 열정 넘치는 의사와 경력이 풍부한 나이 지긋한 의사 중에서 선택할 수 있다면, 누구에게 수술을 받고 싶은가요?"

대부분의 학부모가 나이가 지긋한 의사를 선택하겠다고 대답했다. 왜 학부모들은 의사의 경우에는 경력이 많은 쪽을 선택하면서, 교사는 경력보다 열정을 선택하는 것일까? 첫째, 경력이 많은 교사는 신규 교사보다 열정이 부족할 거라고 단정했기 때문일 것이다. 둘째, 교육에서의 경험은 의사와 달리 중요한 부분이 아니거나, 경력이 쌓인다고 해서 전문성이 높아지는 것은 아니라는 생각을 가졌기 때문일 것이다.

그런데 교사뿐만 아니라 어떤 직업이든 그 일을 오랫동안 해온 사람이, 시작한 지 얼마 안 된 사람보다 열정이 떨어지는 것은 있을 수 있는 일이다. 문제는 경력이 쌓였는데도 전문성이 쌓이지 않는 경우다. 교사의 전성기를 나이로 따지면 아마 30~40대가 아닐까 싶은데, 어느 정도 숙련된 기술과 경험, 열정과 체력이 어우러지는 시기이기 때문이다.

한데, 어떤 이유에서인지 학교에서는 전성기 교사들에게 수업에 대한 전문성보다 행정 업무에 대한 전문성을 요구하고 있다. 학교 안의 작은 관료제, 즉 '평교사 → 보직 교사 → 보직 교사 중 교무부장이나 연구부장 → 교감 → 교장'이라는 사다리 구조에서 아이들 교육에 한창 빛을 발해야 할 교사들에게 "이제 학교 일 좀 해야지?"라며 다른 길로 유도하고 있는 것이다. 만약 학교의 구조가 30~40대 교사들이 교육자로서의 전문성을 기르고, 그 전문성을 동료 교사들과 긍정적으로 나누는 방식으로 다져져왔다면, 지금 학교의 모습은 크게 달라져 있지 않을까?

정말로 교사들이 30~40대 한창 시절에 수업 연구에만 집중하고, 여기서 나온 결과물을 교실에서 적용해 학생들을 상대로 충분히 발휘할 수 있다면, 그리고 언제나 학생들과 편안한 분위기에서 상담을 할 여유가 있다면, 즉 묵묵히 '수업'과 '생활지도'라는 교육 본연의 역할을 수행하는 수많은 교사들이 인정을 받는 환경이라면, 우리 교육계와 교사의 모습은 어땠을까?

행정 업무를 잘해야만 승진할 수 있고, 전문직 시험을 준비해서 합격해야 우대받을 수 있는 구조가 아니라, 최선을 다해 수업을 준비해서 한 시간 한 시간 성실하고 간절한 마음으로 가르칠 수 있는 여건이라면, 그래서 학교가 교사들이 가르치는 보람을 만끽할 수 있는 그런 공간이라면 어땠을까?

관리자, 교사, 지원팀이 수평적인 관계에서 각자의 역할에 충실하고, 서로 협력해서 오로지 아이들 교육에만 최선을 다할 수 있다면, 여유 시간에는 아이들을 관찰하고, 아이들의 롤 모델로서 긍정적인 영향을 미치는 교사가 될 수 있는 그런 문화가 정착한다면, 열심히 공부하는 것을 넘어서 사회에 대한 소속감과 자존감을 바탕으로 건강한 신념과 태도를 가진 학생들을 키울 수 있는 그런 구조라면 어땠을까?

교사의 전문성이란 과연 무엇인가, 더 늦기 전에 진지하게 고민해보아야 할 시점이다.

1부에서는 행정 때문에 교육이 제대로 이루어지지 않은 사례들을 만나보았다. 지금 교사는 수업을 제대로 하지 않아도 어떤 징계를 받지는 않지만, 수학여행 답사에 학부모와 동행하지 않은 일로 학교 감사에서 주의 조치를 받는 시대를 여전히 살고 있다. 교사가 아닌 사람들이 만든 탑다운 방식의 매뉴얼을 지키며, 교육이 행정에 밀리는 역사를 해결하지 못하고 있다. 물론 예전에 비하면 교사들의 목소리가 많이 반영되고 있기는 하지만, 아직도 학교 현장에서는 교육을 가로막는 행정 위주의 업무가 수업과 교육에 걸림돌이 되고 있다.

2부에서는 교사가 본연의 역할을 다하기 위한 대안들을 찾아보았다. 교사가 바라본, 행정에서 교육으로 나아가기 위한 해결책이기도 하다. 학교를 지원하는 무주교육지원청의 노력, 학교의 업무를 효율적으로 구조화한 강원도교육청, TF팀을 꾸려 장기적인 관점에서 업무를 나누고 업무 지원 시스템을 제안한 경기도교육청, 학교 단위에서 교사들이 수업에 집중할 수 있도록 함께 노력하는 광주봉주초등학교, 학교장의 민주적 리더십을 위해 정책 토론회를 거쳐서 만든 교장 직무 가이드라인 등, 지금 학교 현장에서 일어나고 있는 긍정적인 변화들이다.

아울러 다른 나라의 사례도 알아보았다. 이를 위해 외국의 몇몇 학교를 직접 인터뷰하고, 다양한 정책 자료를 조사했으며, 특히 외국 학교의 민주적 리더십과 학교 구조, 역할들에 대해 조사해보았다. 외국의 사례를 동경해서 그대로 따라 하자는 것은 결코 아니다. 우리가 잘하고 있는 부분은 이어가고, 도움이 될 점은 받아들여서 반영해봐도 좋지 않을까 생각한다. 외국 학교의 교사들을 인터뷰하면서 부러웠던 것은 그들의 교육 시설도, 교육정책도, 평가 방법도 아니었다. 교사, 관리자, 지원팀이 행정보다 교육을 최우선에 두고 저마다의 역할에 충실하다는 것이었다. 승진 체계가 아니라, 또 행정직이니 교직이니 가르는 것이 아니라, 각자 교육을 위해서 협력하고 힘을 모으는 모습이었다.

이제 3부에서는 행정에서 교육으로 전환한 학교와 학교의 구성원들 그리고 학생들을 만나보려고 한다. 행정보다 교육이 중요한 학교, 뛰어난 전문성으로 학생들을 가르치는 교사, 교육을 기획하고 교사들을 지원하며 함께 학생들을 교육하는 민주적 리더로서 학교장, 학생 교육을 위해 창의적이고 협력적인 지원을 구현하는 교육지원팀. 이들이 만들어가는 학교의 모습을 설레는 마음으로 상상해보았다. 학교가 이런 모습이었으면 좋겠다는 소망과 앞으로의 교육이 이랬으면 하는 것을 교사의 시선으로 담아보았고, 거대한 담론보다 소소한 일상이 어떻게 변할지, 그 모습을 이야기 형식으로 써보았다.

지금 꾼 꿈이 5년 또는 10년 뒤에 진짜 현실이 되면 좋겠다. 그런 변화에 이 책이 조금이나마 기여했으면 한다.

저, 지금
수업 준비 중입니다

하루 수업이 끝난 3시, 다음 날 수업을 준비하고 있다. 전화벨이 울린다. 교무실에서 온 교육청 보고와 관련한 연락이다.

"교감선생님, 제가 내일 수업 준비를 다 못해서요. 수업 준비부터 해놓고 연락드릴게요."

"아니, 교육청에서 급하게 보고를 해야 한다고 그러는데…."

"지금은 수업을 준비하는 일이 더 중요해서요. 이 일부터 끝마치고 나서 하겠습니다."

정말 행정 업무보다 수업이 우선되어, 이런 풍경이 여기저기서 보였으면 좋겠다.

작년에 코로나 상황을 겪으며 줌으로 사람을 만나는 데 익숙해지면서 퍼뜩, 멀리 있는 동 학년 교사들과 줌으로 수업 준비를 같이 할 수도 있겠구나, 하는 생각이 들었다. 그래서 함께할 수 있는 전국의 6학년 선생님 다섯 명이 모임을 만들었다. 바로 동 학년 모임. 작은 학교에 있다 보니 늘 혼자 고민했고, 매번 하던 대로만 하는 경향이 있었다. 그런데 동 학년 모임을 진행하면서 어떻게 하면 좋을지, 다른 교사들과 함께 교육 방법들을 나누니 큰 도움이 되었다.

처음에는 수업 시간 이후에 모임을 가졌는데, 자꾸만 학교 업무가 끼어들어 집중하기 힘들어지는 바람에 나중에는 저녁에 모임을 갖기로 했다. 미래에는 수업을 준비하는 일이 행정 업무보다 우선되어, 저녁 시간에 따로 모이지 않으면 좋겠다. 줌으로 만난 동 학년 모임에서 우리는 어떤 내용을 어떻게 가르칠지, 매우 구체적인 이야기를 나눴다. '주간 학습 안내'를 공유하고, 다음 주에는 어떤 것을 가르칠지도 미리 의논했다. 모임을 거듭하면서 변화가 일어나는 것을 느낄 수 있었다.

나는 시작은 창대하나 마무리가 미약한 교사, 아이디어는 많은데 어떤 아이들을 만나느냐에 따라 그 결과가 들쭉날쭉한 교사였다. 한데, 줌으로 만나는 동 학년 모임에서 정말 꼼꼼하게 계획안을 짜는 선생님을 만나서 큰 자극을 받았다. 그 선생님이 패들렛[24]으로 보여준 수업 계획안은 내용이 아주 촘촘하게 구조화되어 있었다. 나는 더 세세하게 계획을 세울 필요가 있다는 것을 깨달았고, 그 선생님의 도움으로 수업 계획과 수업 자료를 주별로 세분화했다.

　2030년, 학교에 동 학년이 따로 없는 작은 학교의 선생님들은 전국에서 뜻이 맞는 동 학년 선생님들과 수업을 같이 준비하고, 그 결과를 나누면서 성장하면 좋겠다. 외국의 선생님들과도 만나서 넓은 시야와 안목으로 다양한 프로그램을 배우고 실천하는 것도 좋은 방법일 것이다. 무엇보다 이렇게 수업을 준비하는 시간이 행정 업무에 밀려서 후순위가 되지 않으면 좋겠다.

구미 문성초등학교 김호정 선생님의 프로젝트 공유 사례

* 수업 계획을 공유하기 위한 패들렛

* 주간 학습 안내

* 3월 3주를 클릭하면 3월 3주의 '주간 학습 안내'와 그에 따른 자료가 나온다.

온라인 동 학년 모임 후기

온라인 동 학년 모임을 통해 올 한 해 정말 많이 배우고 성장했다는 것을 느낍니다. 무엇보다 수업에 대한 열정이 가득한 선생님들이 모였기에 수업에 대한 고민을 마음껏 이야기할 수 있었어요. 하나의 아이디어가 집단 지성의 힘으로 멋진 수업으로 완성되고, 교실에서 즐겁고 의미 있는 배움으로 재탄생하는 모습을 보며 벅차고 행복했습니다. 든든한 동료들과 소중한 인연을 맺게 된 것에 감사하며, 앞으로도 계속 동 학년 모임을 통해 교사의 전문성을 키워나가고 싶습니다. (구미 문성초등학교 김호정 선생님)

함께 프로젝트를 기획하고, 자료를 만들고, 정리하다! 공동 수업을 할 수 있도록 자료와 내용의 흐름이 매우 자세하고, 체계적이다! 보기에도 편하게 정리되어 있다! 수업을 같이 고민하고 연구하는 동료들이 생겼습니다. 서로 피드백을 나누는 시간 속에서 저 역시 성장하고 있다는 것을 깨닫습니다. 이제는 한 차시짜리 수업이 아니라, 1년을 바라보고 흐름을 설계하는 데 도전할 수 있게 되었어요. 이 길을 함께 가는 동료 선생님들에게 용기를 받아서 가능한 일입니다. (인천 석천초등학교 강환이 선생님)

우리의 리더,
교장선생님과 교감선생님

"교장선생님, 이번에 수상 체험 활동을 가려고 하는데요. 우리 지역에 마침 수상체험장이 있고, 아이들도 가고 싶다고 하네요."

"그래요? 선생님과 학생들이 희망한다면 적극 지원해야지요. 우선 학생 명단을 제출해야 할 테니, 나이스를 보고 교무실무사가 확인한 다음 행정실에 연락해서 파출소에 안전 관련 협조를 구하도록 안내하겠습니다. 참, 버스 대절은 희망하는 날짜를 알려주시면, 행정실에서 품의하고 진행하도록 할게요. 또 필요한 게 있을까요?"

"저는 아이들에게 물놀이 사전 교육을 하고, 이번 체험 활동을 어떻게 교육과 연계할지 고민해보겠습니다. 예전에는 기획부터 유관 기관에 대외 공문을 발송하는 일, 버스 대절 품의서, 보고서, 정산까지 저 혼자 다 해야 했는데…. 그때는 행정 절차가 너무 복잡해서 교육적인 부분까지 고민할 여력이 없었지요. 교장선생님과 행정실이 협력해주시니 참 좋습니다."

학교의 적극적인 지원은 보다 다양한 체험 활동을 가능하게 했다. 교사의 행정 업무가 줄어들면서 교육과정과 연계한 다채로운 체험학습을 시도해볼 수 있게 되었기 때문이다. 학교장의 변화는 이것만이 아니다.

"선생님, 오늘 제가 6학년 국어 시간에 문학 수업을 하는 날이지요?"
"그렇습니다. 교장선생님께서 문학에 관심이 많으시잖아요. 사실 저는 문학 수업이 어렵거든요. 제가 참관을 해도 될까요?"
"그럼요."

학교장은 자신이 잘하는 수업을 한다. 학교장은 수업을 하면서 아이들을 이해할 기회를 가질뿐더러, 동료 교사들과 자연스럽게 교육에 대한 경험을 나눈다. '장학'이라는 딱딱한 이름의 감독이 아니라, 일상적 만남을 통해서 수업에 대한 고민을 함께하는 것이다.

학교장이 주당 몇 차시 수업을 해야 한다는 규정이 있는 것은 아니다. 학교를 총괄하는 교장은 지위자로서의 역할은 물론, 수업을 통해서 교육자로서의 역할까지 균형 있게 하면서 학교의 진정한 리더로 거듭나는 것이다. 교장선생님들이 의무라서가 아니라 자발적으로 수업을 하고, 그 경험을 교사들과 공유하는 문화가 자리매김한다면 그리고 민주적 리더십 정책 토론회에서 논의된 바 있는 '학교장의 적극적 행정'이 현실화된다면, 수평적 리더십의 정착과 아울러 교감선생님의 역할에도 많은 변화가 따라올 것이라 기대한다.

"실무사님, 안전 교육 관련 수업 시수 보고 있잖아요."

"네, 교감선생님."

"그 공문 처리를 연구부장에게 보내지 말고, 우리가 선생님들께 메신저로 보내서 결과를 받도록 합시다. 그리고 지금은 수업 시간이니까, 메신저는 예약 전송으로 해서 선생님들이 방과 후에 받을 수 있도록 해주세요."

"알겠습니다, 제가 자료를 받아서 기안하겠습니다."

"기안을 보고 수정할 부분이 있으면 바로 수정하고, 결재하겠습니다."

"네, 교감선생님. 그런데 예전에는 이런 일은 교사들이 하지 않았나요?"

"그랬지요. 수업 시간에 보고하라는 메신저를 받으면 아이들한테는 자습하라고 해놓고, 보고 공문을 작성하던 시절이 있었죠. 지금은 상상도 못할 일이지만요."

교감의 역할은 '교무의 관리와 교육'이다. 여기서 '관리'란 교사들이 업무를 잘 하고 있는지 아닌지를 확인하는 수동적인 역할이 아니라, 실무를 같이 하는 것이다.

"네, 교감입니다."

"6학년 ○○○입니다. 제가 교통사고가 나는 바람에, 오늘 출근을 못할 것 같아서요."

"어이쿠, 몸은 괜찮으세요? 학교 일은 걱정 마시고, 치료부터 잘 받으세요. 검사 결과 나오면 연락주시고요."

교감은 나이스를 열어서 오늘 6학년 시간표를 확인한다. 1교시 교장, 2교시 교감, 3교시 5학년 담임교사, 4교시 4학년 담임교사, 5교시 1학년 담임교사, 6교시 2학년 담임교사가 수업을 하기로 결정하고, 실무사에게 전달한다.

"실무사님, 메신저로 이렇게 보내주시고, 선생님들께 확인해주세요. 교장선생님께는 제가 말씀드릴게요."

보결 수업이 발생하더라도 교장선생님과 교감선생님, 다른 교사들이 나누어서 수업을 할 수 있기를 기대한다.

함께 만들어가는 변화,
행정실

"6학년 담임 ○○○입니다. 6학년 4분기 학습 준비물을 장바구니에 담았습니다."

"네, 알겠습니다. 저희가 품의할게요. 6학년 학습 준비물에서 품의하면 되는 거지요?"

"네, 맞습니다."

"이렇게 한꺼번에 정리해서 주시니까 저희도 일하기가 수월하네요."

"네, 앞으로도 필요한 물건은 한꺼번에 정리해서 사도록 할게요."

"참, 이번에 노트북도 구입하신다고 들었는데요."

"네, 기종은 저희가 논의해서 골랐습니다. 나라 장터에도 있고, 쇼핑몰에도 있으니까요."

"그럼, 그 기종으로 저희가 구입하도록 할게요."

"고맙습니다. 참 이번에 목적사업비도 정산해야 하잖아요. 제가 사업의 교육적 효과와 개선점 등은 정리해놓았으니까, 예산 사용에 대한 부분만 행정실에서 정리해주시면 되겠네요."

"알겠습니다. 예전에는 목적 사업이 많았는데, 이제 본예산으로 내려와서 편해졌어요. 시설에 관한 목적 사업[25] 위주로만 시행하니까요."

물품을 구매할 때도 교사는 교육적으로 가장 적합한 것을 선택하고, 행정실에서는 그것을 실제 구입하는 방식으로 역할이 나누어졌다. 목적사업비 정산도, 교사는 예산 사용에 대한 교육적 효과와 개선점을 정리하고, 행정실에서는 금액에 대해 정산하는 것으로 역할이 나누어졌다. 또한 목적 사업이 줄어들고, 학교에 본예산으로 지급되어 교사와 행정실의 업무 총량이 줄어들었다.

기초학력과
느린 학습자

"안녕하세요, 기초학력 강사님. 이번에 저희 반에서는 ○○이가 수학에서 도움이 필요한 것으로 나왔습니다. 기초학력 평가 결과, 보셨지요?"

"안 그래도 ○○이의 평가지를 자세히 살펴봤는데, 두 자릿수 곱셈부터 어려움을 겪는 것 같더라고요. 그래서 우선 두 자릿수 곱셈에 대한 학습지를 준비하려고 합니다. 교육지원청에서 주관하는 '느린 학습자 연수'가 큰 도움이 되고 있어요. 지금 교육지원청에서는 기초학력 강사를 모집하고, 기초학력 수업을 어떻게 할지에 대한 연수도 진행하고 있거든요. 연수에서 다양한 자료를 제공해줘서 활용하고 있어요. 예전에는 학교에서 계약을 진행했고, 아무 준비도 없이 와서 저희도 참 힘들었는데, 교육청에서 밴드를 만들어줘서 기초학력 강사끼리 정보를 주고받으며 소통하고 있답니다. 약간이기는 하지만, 기초학력 강사도 등급에 따라 수당이 조금씩 오르고 있어서, 저도 이 일을 계속할까 생각 중이에요."

"참 잘되었네요. 그럼 강사님께서 연산 부분 좀 도와주시고, ○○이 수준에 맞는 학습지도 준비해주시기 바랄게요. 참, 이건 ○○이의 포트폴리오인데, ○○이가 어려워하는 것과 성장한 점 그리고 다음 수업에 대한 계획을 간단히 정리해봤어요. 한번 보시고, 다음에 다시 이야기 나누기로 해요."

2021년, 코로나 이후 기초학력을 향상시키기 위한 여러 방안이 시도되었는데, 시간이 한참 지난 2030년의 교실 모습을 상상해보면 첫째, 기초학력 강사의 능력을 유지하기 위해 교육지원청 단위에서 연수를 진행하며, 인력 풀을 관리하고 있다. 둘째, 각 교육대학에 실습 과정을 강화하여, 예비 교사들과의 협력을 통해 기초학력 향상에 대비하고 있다. 셋째, 기초학력에 대한 교사들의 책임이 강화되었다. 담임교사는 자신의 수업에 대한 심화 보충수업을, 전담 교사는 자신이 맡은 교과의 심화 보충수업을 진행함으로써, 교육에 깊이 집중할 수 있게 되었다. 이제 방과후에 담임교사가 희망하는 아이들과 함께 교실에서 공부하는 모습을 보는 것은 흔한 풍경이 되었다.

행정 업무를 하지 않게 된 교사들은 그 시간에 학생들의 부족한 학습을 돕는다. 아이들도 스스로 공부하며 성장하는 자신의 모습에 만족감을 느낀다. 공부를 못해서 남아서 하는 '나머지 공부'가 아니라, 스스로 부족한 것을 채우기 위해 교사와 친구들의 도움을 받아서 하는 '그냥 공부'다. "선생님, 오늘 배운 수학에서 이 부분이 이해가 안 돼요." 아이는 편하게 다시 물을 수 있고, 교사는 몇 번이고 일대일로 설명을 해준다. 이 과정에서 수업 시간에 왜 충분히 이해하지 못했는지, 어떤 부분에서 지체가 일어났던 것인지를 알게 되고, 다음 수업 계획에 반영한다. '방과 후 공부'를 아이들은 부족한 것을 보충하는 소중한 시간으로 받아들이고, 교사들은 학생 개개인의 완전 학습이 이루어지도록 돕는 시간으로 여긴다.

2021년, 코로나19로 인해 '학생들의 기초학력이 떨어졌다'며 학교로 지원금이 내려왔다. 교사들은 저마다의 방법으로 학생들의 기초학력을 끌어올리려고 안간힘을 썼다. 처음에는 "계획도 없이 학기 말에 예산을 내려 보내면 어쩌라는 건가?" 볼멘소리를 했던 것도 사실이다. 그러나 방과 후에 아이들과 기초학력 수업을 하거나 아이들이 어려워하는 부분을 해결해주려고 한 것이 효과를 보았다. 아이들은 수업 시간에는 그러지 못했지만, 남아서 공부할 때에는 편하게 질문하는 모습을 보였고, 이 과정에서 담임교사도 아이들과 유대감을 쌓을 수 있었다. 뿐만 아니라, 어느 지점에서 어려움을 느끼는지 파악할 수 있어서, 시간과 에너지만 있다면 학생들의 기초학력을 돕는 최고의 방법이라는 것을 확인했다. 기초학력 수업으로 아이들의 학습 능력이 성장하는 모습, 느린 학습자가 속도를 내며 따라오는 모습을 지켜보는 일은 교사에게도 큰 보람으로 다가왔다.

안 해도 티 안 나는 학생 자치

　'코로나 상황에서 군이 학생 자치를 해야 하나?' 학생 자치를 맡은 교사가 스스로에게 질문을 던져본다. 사실 교사 입장에서는 안 해도 크게 티가 나지 않는 것이 학생 자치 활동이다. 그러나 아이들은 정말 좋아하는 것이 또 학생 자치다. 학생 자치를 통해 아이들은 소속감을 느끼고, 다양한 시도를 해보는 경험을 한다. 그렇기에 코로나 상황에서도 여기에 맞는 학생 자치 활동을 해보기로 했다. 교사는 패들렛에 학생 자치 탭을 만들고, 어떻게 이끌어나갈지 고민을 해본다. '대면 접촉을 최소화하면서 참여를 유도한다', '문제를 함께 고민해서 해결하도록 한다', 이런 목적을 달성할 만한 새로운 학생 자치 활동에는 무엇이 있을까? 학생회 임원들과 의견을 나눠보기로 한다.

"여러분, 코로나로 인해 서로 모이는 활동에는 제약이 있습니다. 그렇다면 어떤 활동을 생각해볼 수 있을까요?"

"저희도 학생회 행사를 하고 싶기는 한데요…."

"혹시, 좋은 아이디어가 있나요?"

"줌으로 수업을 하는 것처럼, 학교 전체 회의를 줌으로 하는 건 어때요? 꼭 직접 만나서 해야 하는 것은 아니잖아요."

"그렇지요. 그럼 매월 둘째 주 수요일 5교시에 전체 회의를 줌으로 진행해볼까요? 사회는 전교 회장과 부회장이 보고, 그다음에는 각 반 회장, 부회장이 보면 될 것 같은데."

"좋아요."

줌으로 진행하는 전교 회의

1. 고마운 점 나누기, 생일인 친구 축하하기
2. 불편했던 점 나누기
3. 해결책 찾기
4. 해결책 결정하기, 또는 학교 행사 계획하기
5. 결정한 해결책 실천하고, 실천 결과 공유하기

이런 과정을 거쳐서 가을에는 모둠을 만들어 '형과 동생이 어울리는 한마당'을 열기로 했다. 6학년 교실에서는 '동생들을 어떻게 챙겨야 하는지', '리더의 역할이 무엇인지'를 교육과정과 연계해서 배우기 위해 브레인스토밍을 해보았다. 그 결과 '솔선수범하기', '잘 안내하기', '일이 잘 안

양평 강하초등학교 학생회 패들렛 게시판

되었을 때 비난하지 말고 문제 해결에 집중하기' 등이 나왔다. 교사는 아이들과 리더십에 대한 공부를 직접 해보는 것이 좋을 것 같다는 생각에 역할극 대본을 만들기로 한다.

역할극을 해본 아이들은 더 구체적으로 리더의 역할을 정리해서 내놓았다. '동생들을 만나면 먼저 인사하기', '서로 인사 나누도록 안내하기', '다음 활동에 대해 미리 알려주기', '6학년이 앞에 서고 5학년을 끝에 세워 그 안에 동생들을 안전하게 이끌기' 등 역할극을 통해 나온 내용들을 구체화하여 마음에 새기고 행사를 준비해나갔다.

2030년이 되었다. 학생들이 학교 행사를 기획하고, 학생 자치 회의를 통해 스스로의 문제를 해결하는 것이 하나의 문화로 자리를 잡았다. 학급 자치·학교 자치 회의를 하며 학생들은 자신들의 문제를 함께 고민하고, 해결책을 찾아내며, 민주 시민으로서 살아가는 사회적 기술을 익히고 있다. 학교의 다양한 행사를 기획하고, 실천하며, 즐겁고 의미 있는 학교생활을 주도적으로 만들어가면서 민주 시민 교육을 책이 아니라 경험을 통해 실질적으로 배우는 것이다. 그리고 이를 통해 학교에 대한 소속감과 자신에 대한 자존감을 내면화하고 있다.

성장을 돕는
평가

세계 3대 디자인 학교 가운데 하나인 파슨스대학에서 학생들에게 내준 과제 평가에 인상적인 장면이 있어서 소개해보려고 한다.

먼저 교사는 학생들에게 한 달 동안 유화를 그려오라고 한 뒤에 제출한 그림을 모두 칠판에 붙인다. 그리고 작품을 하나씩 떼어내다가 마지막에 두 장의 그림을 남겨놓는다. 가장 잘 그린 작품과 가장 못 그린 작품이다. 그런 다음 학생들에게 왜 잘 그린 작품인지, 왜 잘 그린 작품이 아닌지 질문하고 피드백을 해준다.

만약 우리나라에서 이런 수업을 진행한다면 어떤 반응이 나올까? 학생들을 서열화했다는 둥 우리 아이가 상처를 받았다는 둥 하며 문제를 삼지 않을까, 하는 걱정이 드는 것이 사실이다. 그런 반응을 보이는 이유는 존재를 평가하는 것과 작품을 평가하는 것을 구분하지 못하는 태도에서 비롯한다. 다시 말해, 그림을 그린 사람이 형편없어서가 아니라 작품의 완성도가 부족한 것을 평가한 것뿐인데, 작품을 나라는 인격체와 동일시함으로써 평가를 기분 나쁘게 받아들이기 때문에 벌어지는 일이다. '미래의 평가 방법'에 대해 논의하기에 앞서, 존재와 작품이라는 정의를 분명히 해두고 싶어서 이 이야기를 꺼내보았다. 그럼 앞으로의 평가는 어떤 방향으로 나아가는 것이 좋을까, 다음 두 가지 영역에서 만나보자.

◆ 수업 중에 이루어지는 평가

교사도 공개 수업을 하면 동료 교사들로부터 평가를 받는 순간에 잔뜩 긴장하게 된다. 게다가 부정적인 이야기라도 들으면 기분이 나빠지는 것은 당연하다. 나도 마찬가지였다. 그런데 이런 생각에 변화가 온 것은 우리나라에서도 호평과 사랑을 받고 있는 '학급긍정훈육법'을 만든 미국의 워크숍에 참가해 '평가의 순간'을 경험한 다음부터였다. 워크숍에서는 여러 나라에서 온 교사들이 각자 새롭게 디자인한 활동을 발표했는데, 직접 그 활동을 경험하도록 하는 방식으로 진행되었다. 그리고 발표가 끝나면 꼭 평가를 했는데, 그 방식이 참 신선했다.

활동의 목표	
활동의 잘된 점	활동의 개선할 점
진행상 잘된 점	진행상 개선할 점

활동이 끝나면 이렇게 적힌 평가지를 나눠주고, 발표자에게 이 활동의 목표와 자신이 생각하기에 잘된 점과 개선할 점을 물어본다. 그리고 참석자들에게도 똑같이 활동에서 잘된 점과 개선할 점에 대해서 묻는다. 중요한 것은 이때 평가를 받는 사람은 다른 사람들의 평가를 '선물'로 받아들인다는 것이다. 자신의 활동에서 개선할 정보를 얻고, 장점을 확인해서 더 보완하는 계기로 여기기 때문이다.

앞으로 10년 뒤, 우리의 평가 방식이 어떻게 달라지면 좋을까를 논의하기에 앞서 이런 문화가 정착했으면 좋겠다는 바람을 가져본다. 서로가 서로에게 하는 평가와 피드백이 도움이 된다고 믿는 분위기가 만들어지고, 그런 문화가 정착해야 제대로 된 평가가 이루어질 수 있기 때문이다. '평가'는 영어로 'evaluation', '끄집어내다'의 'e'와 '가치'의 'value'가 만난 말이다. 즉, '가치를 이끌어내는 과정'인 셈이다. 이렇게 생각하면, 평가를 '비난의 순간'으로 여기지 않을 수 있지 않을까.

이번에는 일상 수업에서 '평가'가 나오는 사례를 만나보자.

국어 시간에 아이들과 함께 시를 써보기로 했다. 성취 목표는 '자신의 삶을 닮은 비유적 표현을 찾아서 시 써보기.' 아이들이 쓴 시를 앞의 경험을 바탕으로 함께 평가하고, 평가를 바탕으로 수정하는 과정을 진행해보았다. 우선 교사가 교과서에 실린 시를 아이들에게 읽어준다. 이어서 교사가 쓴 시를 읽어준다. 아이들은 교과서에 실린 시보다 '선생님이 쓴 시가 더 마음에 와 닿는다'고 말해준다. 이제 아이들에게 시를 쓸 시간을 준다. 아이들은 저마다 진지하게 시를 써서 제출한다. 이때, 교사는 몇 가지 학습 목표와 관련한 질문을 한다.

"너와 어떤 것이 닮았니?"
"그래서 무엇에 비유했어?"

1차 피드백을 받은 아이들은 글을 다듬어서 각자의 패들렛에 저장하고, 교사가 보기 좋게 편집해서 '출력하기'를 누른다. 다음 시간에는 반 아이들의 숫자만큼 출력한 시를 나누어준다. 아이들과 함께 읽으며 '중간 피드백 → 자기 평가 → 동료 평가 → 교사 평가' 순으로 평가를 진행한다. 물론 미리 '평가는 선물'이라는 이야기를 해준다. 아이들은 조마조마한 마음으로 자기 순서를 기다리는데, 갑자기 화장실 가고 싶다는 아이도 있고, 잘된 점보다 부족한 점을 먼저 말하려는 아이도 있다. 어쩌면 지금까지의 평가가 잘한 점보다 개선할 점이나 잘 못한 점에 초점을 두고 이루어져서일 것이다. 여전히 평가를 받는 일은 사람을 긴장하게 한다는 것, 또 스트레스 받는 일이라는 것을 확인할 수 있다. 교사는 평가 시간에 다음과 같이 질문한다.

발표한 ○○이에게 물을게요.
- 자신을 무엇에 빗대어 표현했나요?
- 스스로 잘한 점은 무엇이라고 생각하나요?
- 개선할 점은 무엇인가요?

이번에는 친구들에게 물어볼게요.
- ○○이는 무엇에 빗대어 자신을 표현했나요?
- 이 시에서 잘된 점은 무엇인가요? 재미있거나 인상적인 표현은?
- 개선할 점은 무엇인가요?

끝으로 선생님이 간단하게 선물을 주도록 하겠습니다.
- ○○이는 자신을 소나무에 빗대어 표현했어요.
- 잘된 점은 자신과 아주 잘 닮은 것을 찾아낸 것이고, 또 이 활동에 진지하게 참여했다는 거예요(결과에 대한 평가와 태도에 대한 격려를 함께 해준다).
- 개선해야 할 점은 왜 소나무와 닮았는지 조금만 더 생각해봤으면 좋았을 것 같아요. 예를 들어, 소나무는 계절에 상관없이 늘 푸르잖아요. 다른 나무들은 색이 바뀌고 겨울이면 나뭇잎이 떨어지지만,

소나무는 봄에 새잎이 나오면 그때 떨어지거든요. 이런 것을 떠올리며 ○○이와 어떻게 닮았는지를 구체적으로 표현했다면, 더 재미있는 시가 되었을 것 같아요.

수업 시간에 일상적으로 이루어지는 평가와 교사의 피드백에 대한 이야기를 해보았는데, 사실 행정 업무가 사라지고 교사에게 여유가 찾아온다면 훨씬 촘촘하게 피드백을 해줄 수 있을 것이다. 예를 들어, 아이들이 자신의 작품을 패들렛에 올리면 교사나 친구들이 거기에 댓글을 달아주는 것도 평가고, 아이들이 공책에 쓴 글에 짧게 느낌을 써주는 것도 평가가 될 수 있을 것이다. 일상적인 평가는 아이들의 배움과 성장에 좋은 영향을 미치는 '격려'가 될 것이다.

◆ 학기별로 이루어지는 평가 결과 통지

이번에는 평가를 어떻게 통지할 것인가에 대한 이야기다. 즉, 지금 우리가 나이스[26]로 하고 있는 평가에 대한 것이다. 나이스로 이루어지고 있는 평가에 대해 학부모들의 만족도가 매우 떨어진다는 것은 잘 알려진 사실이다. 그 이유를 물어보면, 통지표를 보아도 아이들이 무엇을 잘하고 못하는지를 모르겠다고 한다. 하기야, 지금의 통지표를 보면 대한민국의 모든 학생은 다 잘한다, 그저 좋다는 이야기만 써주니까. 최근에는 부정적인 평가를 하려고 하면 거기에 대한 누가 사항을 기록해두라고 하니, 교육이 얼마나 학부모들의 민원에 좌지우지되는지 짐작이 될 것이다.

지금처럼 모든 아이에게 긍정적인 피드백만 해주게 된 이유는, 많은 성취 기준 중에서 한두 개만 문장으로 평가하면 되기 때문이다. 이는 내 자녀가 다 잘하고 있다고 믿게 만드는 착시 효과를 불러일으킨다. 예를 들어, 연산에 약하고 도형을 잘하는 아이에게 연산이 약하다는 피드백은 하지 않고, 도형에 대한 평가만 해주는 식이다. 물론 통지표에 잘하고 있는 것을 안내해주는 것도 중요하지만, 개선해야 할 것을 알리고, 보충해야 할 정보를 주는 것도 중요하다. 다음에 소개하는 것은 학부모들이 매우 만족스러워한다는 외국 사립학교의 통지표다.

* 출처 : 말레이시아 스텔라 국제 학교의 통지표

학습에 대한 평가는 4단계로 했다. '노력 요함, 보통, 잘함, 매우 잘함.'
그리고 성취 기준을 제시하고, 성취 기준별로 어느 정도에 해당하는지
를 체크리스트로 안내했다. 지금 우리는 문장형으로 평가를 하는데, 그
러면서 평가의 내용보다 형식에 더 많은 에너지를 낭비하고 있다. 예를
들어 평가 연수에서는 평가를 할 때 영어는 쓰지 말라, 종결어미는 어
떻게 써라, 부정적인 표현을 쓸 때에는 어떻게 하라는 제시를 해준다. 그
리고 생활기록부 점검을 할 때에도 맞춤법을 비롯해서 이런저런 지침을
잘 지켰는지를 확인하라고 한다. 정작 아이들에게 평가가 정말로 도움
이 되었는지, 가장 중요한 이 부분을 확인하지 않는다.

* 출처 : 말레이시아 스텔라 국제 학교의 교사 코멘트가 들어간 통지표

외국 사립학교의 통지표를 보면, 마지막에 우리나라의 행동 발달처럼 교사가 아이의 학습, 사회·정서적인 부분을 문장으로 정리해서 써 준다. 사실 우리나라도 예전의 초등학교 통지표는 이런 형식이었다. 수·우·미·양·가로 교과 발달을, 가·나·다로 사회·정서적 발달 상황을, 그리고 종합적인 행동 발달에 대한 내용을 문장으로 적어서 주었다. 그런데 근래 들어 수·우·미·양·가가 마치 아이들에게 줄 세우기로 여겨지면서 교과 발달을 문장제로 통지하고 있는데, 문장제로 통지를 하면, 평가의 결과를 일부만 공유하게 되거나, 평가가 형식적으로 흐르는 문제가 생긴다.

방학하기 2주 전부터 교사들은 매우 바쁘다. 그 이유 가운데 하나는 성적을 마무리해야 하기 때문이다. 아마 교과 발달을 체크리스트로, 사회·정서적인 부분과 교과 종합을 행동 발달 상황으로 정리한다면, 교사들이 아이들과 훨씬 여유롭게 한 학기를 마무리할 수 있을 것이다. 통지표를 방학하는 날이 아니라 10일 전쯤에 미리 나누어주고, 아이들의 통지표를 놓고 학생, 학부모와 학기 말에 상담을 진행할 수도 있을 것이다. 상담을 하면서 학기 말과 학년 말을 마무리하는 모습, 참으로 바람직하지 않은가.

교사들은 여전히 교정 프로그램도 없는 나이스로 만든 통지표를 서로 바꾸어 읽으며 맞춤법이 틀린 것은 없는지, 내용은 모두 규정에 맞게 들어갔는지, 종결어미는 통일했는지, 같은 내용을 중복해서 넣지는 않았는지, 이런 형식적인 부분을 검토하느라 바쁜 학기 말을 보낸다.

시간이 흘러서 2030년에는 수업 과정에서는 성장 참조형 평가가 정착되고, 학업 성취도는 성취 기준별 체크리스트로, 학생의 발달 상황은 종합적인 내용을 문장으로 정리해서 통지하기를 기대해본다. 또 통지표는 방학 2주 전에 나눠주어 학기 말에는 학생-교사-학부모가 함께 상담을 하면서 마무리할 수 있게 되기를 기대해본다.

'사후 생활교육(reactive)'에서 '예방적 생활교육(proactive)'으로

"선생님, '생활교육'에서 가장 중요한 것은 무엇인가요?"

"학기 초부터 '예방적 생활교육'을 하는 것이 아닐까요? 서로 협력하는 방법, 대화하는 방법, 다름을 존중하는 방법을 알려주는 거예요. 또 학부모님들과 자주 의사소통하는 것도 중요하지요. 아이가 잘못했을 때 그제야 마지못해 연락하는 게 아니라, 일상적·정기적으로 정보를 전달하고 피드백을 해드려야 해요. 문제가 일어난 다음에 해결하려고 하면 더 많은 에너지가 필요하잖아요, 효과도 별로 없고요. 그래서 문제가 일어나지 않도록 사전에 예방하는 데 중점을 두는 것이 중요해요."

"맞는 말씀이네요. 문제가 발생한 다음에는 상처받는 사람이 많아지고, 해결하는 데 시간과 품이 더 들어가니까요."

"그렇죠, 예방하는 게 훨씬 효과적이죠. 그리고 문제가 생기면 직접 해결해주려고 하기보다 문제를 해결할 수 있는 사회적 기술을 알려주는 것이 교사의 역할이기도 해요. 지금까지는 학생이 문제를 일으키면 학부모님만 불러서 상담하곤 했잖아요. 그런데 잘 생각해보면, 당사자를 빼놓고 이야기한다는 게 이상한 일이었지요. 요즘은 학생-학부모-교사가 함께 만나서 상담을 진행합니다."

"상담은 어떻게 이루어지나요?"

"아이의 장점을 이야기 나누는 것으로 시작해요. 먼저 아이가 자신의 장점을 말하게 하고, 그다음엔 부모님과 교사가 느끼는 아이의 좋은 점을 말하면서 격려해주지요. 예를 들어, '○○이의 장점은 적극적인 태도예요. 그래서 다양한 시도를 해보려 노력하는데, 이런 모습이 친구들에게도 긍정적인 영향을 미쳐요'라고 말하는 거예요. 그리고 다음 단계로 아이에게 이런 질문을 합니다."

- 어떤 일이 있었니?
- 그때 너는 어떤 마음이었어?
- 이 일이 친구들에게는 어떤 영향을 미쳤을 거라고 생각하니?
- 너의 행동 중에서 실수한 부분은 무엇인 것 같아?
- 이 문제에 대해 네가 생각한 해결책은 무엇인지 말해줄래?
- 다음에는 어떻게 다르게 행동하면 좋을까?

"이런 질문을 던짐으로써 스스로 문제의 핵심을 알아차리고 실수를 깨닫게 하려는 것이지요. 아이도 질문에 대답하기 위해 일어났던 일을 차분히 되돌아보는 과정에서 자신을 성찰하게 되겠지요. 이렇게 성찰한 아이는 한 뼘이라도 성장할 거라고 믿습니다. 그런 다음에는 '교육 처방전'을 활용하는데요. 교육 처방전이란 의사가 환자를 진찰한 다음에 어떻게 치료하겠다거나 어떤 약을 먹어야 한다고 처방전을 내려주는 것처럼, 교사가 문제 해결을 위해 작성해주는 기록 같은 거예요. 상담한 내용을 토대로 학생, 학부모, 교사가 각각 어떤 노력을 할 것인지, 잘 지키고 있는지를 언제 확인할 것인지 등을 적은 것입니다."

교육 처방전		
학생 :	학부모 :	교사 :
날짜 : 2021년 10월 5일		
아이의 장점 :		
해결할 내용 : 스마트폰 사용 문제		
함께 실천할 내용	학생	10시에 가족 충전함에 충전하고, 10시 이후에는 사용하지 않기
	학부모	교육 처방전을 잘 보이는 곳에 게시하고, 10시 10분 전에 "충전할 시간이야"라고 안내하기
	교사	스마트폰에 대한 교육을 수업으로 진행하기
결과 확인 날짜 : 2021년 10월 12일		
2021년 10월 5일 교사 김성환 (서명)		

"교육 처방전을 활용해보니 효과가 있던가요?"

"우선은 학생-학부모-교사가 문제에 집중할 수 있다는 점에서 좋았고요. 해결책을 구체적으로 정해서 함께 실천하니까, 서로에게 신뢰감과 유대감을 느낄 수 있었어요. 한편으로는 마치 의사가 된 것 같은 기분도 들었지요. 상담한 결과를 출력해서 주고 일주일 동안 지켜보자고 하는 것이, 의사가 처방하는 것과 닮았잖아요. 교육 처방전을 건넬 때 제가 '교육 전문가'가 된 것 같았어요."

"그럼에도 수업 시간에 방해 행위를 하거나 교사를 힘들게 하는 문제 아들이 있잖아요. 그런 아이들은 어떻게 하나요?"

"문제아는 없어요, 문제 환경과 나쁜 선택이 있을 뿐이에요."

"무슨 말씀인가요?"

"태어날 때부터 문제인 아기가 있을까요? 이런 질문을 하면, 거의 아니라고 대답합니다. '문제아'와 '문제 환경'을 보는 관점은 정말 중요해요. 흔히 아이가 문제라고 생각하면, 그 아이를 자꾸 공동체에서 분리해내려고 하거든요. 다른 학급으로 보내거나, 다른 학교로 보내거나, 아니면 보호 센터로 보내려고 해요. 상황에 따라서는 아이를 다른 곳으로 보내서 사회성 교육을 하는 것이 도움이 되기도 하겠지만, 문제라는 관점으로 아이를 보는 방식은 결국 아이에게 상처만 줍니다. 다시 강조하지만, 관점을 바꾸는 것이 중요해요. 아이가 사회적 기술을 배우지 못해서 나쁜 선택을 하고 있다고 생각하면, 해결책이 완전히 달라지거든요. 아이가 친구들과 좋은 관계를 맺을 수 있도록 사회성 교육을 해주거나, 학습이 어려운 상황이라면 수준에 맞는 과제를 제시해주거나, 또 낙담해서 문제 행동을 하는 거라면 이야기를 듣고 격려해주는 것으로 해결할 수 있어요. 어떤 면에서 사회성이 부족한지, 학습은 얼마나 뒤처져 있는지, 발달 장애 같은 특이점은 없는지, 왜 낙담해 있는 건지에 따라서 적용하는 프로그램도 달라집니다. 사실 이런 관점을 가지고 접근하면 교사에게도 큰 도움이 되지요. 아이를 돕기 위해서 교사도 다양한 공부를 하게 되고, 그 내용들이 쌓이면서 진정한 교육 전문가로 거듭날 수 있으니까요."

교사의 빛깔이
어우러지는 학교

2010년, 혁신학교 운동은 교육계에 긍정적인 변화를 불러왔다. 작은 학교들을 중심으로 학교를 혁신하자는 이 운동은 교사들에게 새로운 영감을 주었고, 학교에도 지대한 영향을 끼쳐 교육청 사업으로까지 이어졌다. 이런 혁신학교 운동을 통해 학교는 보다 민주적이고 수평적으로 '행정'에서 '교육'으로 무게추를 옮겨놓을 수 있었다. 그런데 언젠가부터 시들해지기 시작했다.

2030년에도 혁신학교 운동을 이어가면 좋겠다. 하지만 교육청에서 정해놓은 답을 탑다운하는 방식으로 진행하는 것이 아니라, 민주적이고 수평적인 문화 속에서 해당 학교 구성원들의 창의적인 노력으로 이루어졌으면 한다. '혁신학교는 이래야 하고, 이런 프로그램을 해야 하고, 그런

학교를 배워야 한다'고 하기보다 시대에 따라, 학생에 따라, 지역에 따라 그리고 교사의 관심과 특기에 따라 교육 활동을 디자인하고 실천하고 평가하는 것이었으면 좋겠다. 교육 본연에 충실하게, 말 그대로 혁신하려는 정신 자체를 담은 창의적인 혁신학교로 자리매김하기를 기대해본다.

A 교사는 체육을 좋아해서, 아침마다 아이들과 티볼을 하며 하루를 활기차게 열려고 한다. B 교사는 아이들과 어울려 노는 것을 좋아해서, 편안한 대화를 나누며 교사로서 긍정적인 영향을 미치려고 한다. C 교사는 악기 연주를 좋아해서, 아이들에게 음악을 들려주며 행복감을 느끼게 해주려고 한다. D 교사는 생태와 환경문제에 관심이 많아서, 아이들과 기후 위기를 극복할 프로젝트를 진행하고 있다. E 교사는 미술을 좋아해서, 색감 교육을 통해 아이들에게 아름다움과 즐거움을 알도록 해주려고 한다. F 교사는 외국어와 국제 교류에 관심이 많아서, 아이들에게 인도, 이집트 등 외국 학생들과 줌으로 만나도록 주선하고 있다. G 교사는 교육에서 가장 중요한 것은 기초라 생각해서, 기본 교육에 충실하려 애쓴다.

2030년에도 여전히 국가 수준의 교육과정과 성취 기준은 제시되어 있지만, 교사들은 저마다의 강점을 발휘하며 아이들의 선택을 존중하는 조화로운 교육을 실현하고 있다. 학교는 교장의 교육철학을 실현하고 교사들의 교육과정을 구현하는 데 최적화되어, 방법은 조금씩 다르더라도 목표는 오직 '아이들의 성장을 넘어 성숙'에 초점을 맞추고 있다. 10년 뒤의 학교에서는 교사의 장점을 살린 교육과정이 보다 강화된 모습, 동료 교사끼리 서로 배우고 나누는 모습, 다양한 장점을 가진 교사들이 자신의 특기를 충분히 발휘하는 모습을 볼 수 있기를 바란다.

학생들과 함께 만들어가는 교육과정과 '주간 학습 안내'

"선생님, 이제 이지에듀[27]를 사용하지 않아도 되겠네요."

"왜요, 교장선생님?"

"진도표를 제출하지 않아도 되거든요. 어떤 과목을 몇 시간 가르칠 것인지만 계획에 넣으면 돼요. 아이들이 무엇을 배웠는지, 서로 나누는 것을 강조하는 교육과정으로 바뀌었으니까요. 페이퍼 교육과정에서 실천 교육과정이 된 거지요. 또 아이들과 함께한 활동이나 프로젝트는 꼭 종이로 정리해서 제출하지 않아도 됩니다."

"참 반가운 소식이네요. 그런데 이번에 코로나로 학예회를 못하게 됐잖아요. 그래서 저희 반 아이들이 코로나 상황에 맞는 학교 행사를 해보자고 제안했는데요."

"그럼, 학생들과 의논해서 준비해보세요. 결과가 나오면 알려주시고요, 제가 할 수 있는 일은 할게요. 그리고 교육과정을 수정하거나 그럴 필요는 없어요. 나중에 어떻게 교육했는지, 나눔 행사 때 소개만 해주시면 돼요."

"다른 반에서도 하고 싶다는 의견이 있으니, 그쪽 반과도 이야기해볼게요."

그동안 교육과정은 내용보다 숫자가 중요해서 시수를 맞추어야 했고, 그러려면 특정 프로그램을 사용해야 했다. 또 나이스에서 연간 시간표도 맞추어야 했다. 사실 몇 시간을 했는지가 아니라 무엇을 어떻게 했는지가 더 중요한데, 지금까지는 형식에 치중하는 경향이 있었다. 이런 발상은 코로나를 겪으면서 과감해진 측면이 있다. 예를 들어, 비대면 수업을 하던 시기에 체육 수업을 줌으로 진행하는 것은 불가능에 가까웠는데(솔직히 체육 시간만큼은 아이들이 모니터 앞에 앉아 있게 하고 싶지 않았다), 과감하게 체육은 대면 수업을 할 때만 하는 것으로, 교육과정을 탄력적으로 바꾼 것이다. 이런 아이디어는 학생들이 제안했다.

교육과정을 학생들과 함께 만들어나가면 소속감을 느끼게 해줄 수 있을 뿐만 아니라, 어떤 활동을 선호하는지를 파악할 수 있어서, 효과적인 수업을 계획하는 데 도움이 된다. 2020년, 코로나로 '주간 학습 안내'를 프린트해서 나눠주는 것이 힘들어지자, 교사들은 패들렛에 올리기 시작했다. 그러면서 재미있는 일이 생겼다. 아이들이 자신이 좋아하는 수업 시간에는 하트를 표시하거나 수업에 대한 의견을 말하게 된 것이다. 이런 과정을 통해서 아이들이 어떤 활동을 선호하는지, 어떤 활동을 어려워하는지, 어떤 활동에 자신 있어 하는지를 파악할 수 있었다. 교사는 아이들의 피드백에 고마움을 표현했고, 아이들은 수업에 대한 의견을 더 적극적으로 제안해왔다.

패들렛으로 작성한 '주간 학습 안내'

위 이미지는 2021년 4월 1주차 '주간 학습 안내'인데, 학생들이 해당 주간을 클릭하면 그 주간의 학습 안내를 확인할 수 있다. 기존의 종이 '주간 학습 안내'가 무엇을 배울지에 대한 안내 정도만 해주었다면, 패들렛 '주간 학습 안내'에서는 공부할 내용을 미리 확인하는 것은 당연하고, 관련 영상 자료나 이미지, 학습지 등을 활용하여 예습을 할 수 있고, 수업이 끝난 뒤에는 복습까지 할 수 있도록 짜여 있다.

패들렛을 통한 학습 안내는 교사가 수업을 준비하는 과정에도 도움을 준다. 가령 인터넷에서 기사를 읽다가 수업과 관련이 있어서 활용하고 싶다고 생각하면, 패들렛에 링크를 걸어놓으면 된다. 또 좋은 영상을 보다가 아이들에게도 보여주고 싶다는 생각이 들면, 영상을 업로드하면 된다. 아이들의 결과물도 업로드하고 피드백해줄 수 있다. 다만, 지금 하고 싶은 이야기는 대한민국의 모든 교사가 패들렛으로 '주간 학습 안내'를 만들면 좋겠다는 것이 아니다. 프로그램은 많고 앞으로 더 진화할 것이니, 종이 문서를 넘어서 다양한 방법으로 학생들과 소통하면 어떨까 하는 것이다. 가르칠 내용을 가장 효과적으로 안내할 수 있는 방법을 저마다의 방식으로 찾기를 기대하는 것뿐이다.

10년 뒤, 이지에듀로 하는 시수 입력, 200쪽에 달하는 한글로 된 교육과정 같은 형식적인 진도표가 아닌, 학생들과 함께 창의적으로 만들어가는 교육 자료를 안내하는 방식으로 바뀌기를 희망한다.

협력 수업

(2021년의 모습)

Q 선생님, 요즘 어떻게 지내세요?

A 너무 바빠요. 특수교육 연수 실적 보고하랴, 의무 연수 받으랴, 문화·예술 강사 모집 공고 내랴, 내부 기안에 정산까지, 정신이 없어요. 참, '세계 시민 교육' 실적 자료 집계와 보고도 해야 돼요.

(2031년에는…)

Q 선생님, 요즘 어떻게 지내세요?

A 너무 바빠요. 특수교육 선생님이랑 개별화 교육에 대한 계획을 세우고 있거든요. 아이에게 사회성 중에서 어떤 것이 부족한지를 확인하고, 이에 따른 계획을 세우는 일이에요. 담임인 저와 특수교

사가 어떻게 역할을 나누는 게 좋은지 이야기하는 중이죠. 참, 저는 개인적으로 국제 교류에 관심이 많아서 그쪽 일도 추진하고 있어요. 세계 여러 나라 아이들이 줌으로 만나 자신을 소개하고, 서로의 학교생활과 마을, 자기 나라에 대한 이야기를 주고받는 프로그램을 짜는 거예요. 환경문제를 함께 해결하기 위한 온라인 줌 회의도 진행할 계획인데, 우리 모두가 툰베리[28]랍니다. 또 목요일에는 문화·예술 강사랑 만나서 협력 지도안을 짜기로 했어요.

2031년에는 교사가 행정 업무 대신 교육에 집중하는 모습을 볼 수 있기를 기대하며, 더 구체적으로 우리가 어떤 협력들을 이끌어낼 수 있는지 알아보자.

◆ 특수교사와 담임교사의 협력

"선생님, 저희 반 ○○이는 학급 회의 때, 감사 나누기를 잘 못해요. 다양한 방법을 시도해보았는데 잘 통하지 않았어요. 친구들 앞에서 발표하는 것도 어려워하고요."

담임교사가 특수교사에게 ○○이에 대한 고민을 말한다.

"○○이는 다른 친구들과 다른 점이 있으니까, 바로 발표하라고 하면 힘들어할 거예요. 발표하기 전에 선생님과 한번 연습을 해보는 것이 좋아요. 고마운 것을 짧게 적어보도록 하고, 말하는 연습을 하게 해보면 도움이 될 거예요."

특수교사는 담임교사에게 ○○이에 대한 정보를 주고, 문제를 해결할
수 있도록 돕는다. 개별화 교육의 강점이 있는 특수교사와 집단의 역동
성과 전체 수업을 이끄는 담임교사가 생각을 나누고 힘을 모아서 교육
에 매진한다. 두 교사의 목표는 똑같이 아이의 통합 교육, 아이가 분리
되어 살아가는 것이 아니라 친구들과 함께 잘 지내는 것이다. 사실 친구
들과 잘 지내고 싶은 마음은 ○○이에게 더 간절할 것이다. 그러니 교사
들은 협력해야 하고, 또 교사들이 잘 지내는 모습을 보여주는 것 자체가
○○이에게 가장 좋은 교육이기도 하다.

한때 나는 이렇게 생각했다. 아이가 친구들 속에서 반복된 실패를 경
험하는 것이 더 큰 상처가 될지도 모른다고. 그러니 아이에게 통합 교육
보다 개별화 교육을 해야 하고, 그 역할을 맡은 사람이 곧 특수교사라
고. 이제는 모든 교사가 교육에만 집중하는 시대가 되었다. ○○이의 발
달·인지·운동 능력 등 특수성과 관련한 부분은 특수교사가, 통합 학급
에서 친구들과 일어나는 역동적인 관계에 대한 부분은 담임교사가 그리
고 친구들과의 관계에서 불편함을 겪는 사회성 프로그램은 두 교사가
함께 기획하고 평가한다. 교사들은 ○○이가 성장하는 모습을 지켜보면
서 보람을 느낀다.

◆ 문화·예술 강사와의 협력 수업

"선생님은 문화·예술 강사와의 협력 수업이 필요하다고 보시나요?"

"네, 필요하다고 생각해요. 저는 음악이랑 미술 수업이 아직도 힘들거든요. 스스로 그 분야의 기능이 약하다는 걸 인정해요."

"그런데 음악이나 미술이 기능만 익히는 수업은 아니잖아요."

"그렇죠. 예전에 평생을 찰흙 놀이에 관심을 가지고 작품 활동을 해온 강사님의 수업을 본 적이 있는데요, 지금도 잊히지가 않네요. 그분은 찰흙으로 무엇을 잘 만드는 데 초점을 두지 않고, 쉽고 재미있게 노는 모습을 보여주셨거든요."

"그런 것은 누구나 할 수 있지 않나요?"

"그 수업이 감동적이었던 이유는 자신이 좋아서 하는 활동을 스토리텔링으로 풀어냈기 때문이었던 것 같아요. 아이들에게도 좋은 수업이었지만, 제게도 많은 영감을 주었답니다."

"또 어떤 협력 수업이 기억에 남나요?"

"작년 아이들 이야기인데요. 그동안 미술 시간에 대충하던 아이들이 민화를 그리는 80분 동안 아주 몰입해서 색칠하는 걸 봤어요. 그러곤 수업이 끝날 때쯤 다음에 또 하고 싶다고 말하는 거예요. 그래서 제가 어떤 점이 좋았는지를 물어봤지요."

"그랬더니요?"

"색감이 너무 예쁘다는 거예요. 또 자신이 그린 작품이 마음에 든다고도 했어요. 그 이야기를 듣고 좋은 수업이란 이런 거구나, 하는 생각이 들었어요. 아이들이 몰입할 수 있고, 색에 대한 관심을 가지게 되었고, 자신의 작품에 만족했으니까요."

"선생님도 그런 수업을 할 수 있지 않나요?"

"할 수는 있겠지요. 하지만 초등학교에는 정말 많은 수업이 있는데, 그 수업을 다 전문 강사들이 한 차시를 세심하게 준비해서 진행하는 것만큼 완성도 있게 할 수는 없다고 생각해요. 달리기로 치자면 마라톤이랄까요, 페이스를 유지하면서 완주하는 것이 중요하잖아요. 전문 강사님들은 자세하게 알려주고, 마무리까지 꼼꼼하게 도와주시거든요."

혁신학교 초기, 많은 문화·예술 관련 수업을 했다. 연극, 뮤지컬, 놀이, 미술, 디자인, 목공예 등 다양한 영역의 교육이 학교로 들어왔고, 교사들에게는 나름의 목표가 있었다. 강사들과 함께 수업을 계획하고, 또 배워서 언젠가는 자신도 해보겠다는 것이었다. 하지만 그 과정에서 교사들은 제 역할을 찾아내지 못했다. 수업에 들어가기 전 사전 만남에서 충분히 논의하고, 단위 수업이 끝난 뒤에는 피드백을 나누는 과정을 착실히 밟아서 수업을 완성해나가야 했는데, 눈앞에 가로놓인 제약들 앞에서 목표를 실현하지 못했다.

이제 행정 업무가 사라져 여유가 생긴 교사들은 문화·예술 강사와 협력하여 간단한 지도안을 작성한다. 지도안에는 서로의 역할을 정하고, 어떻게 분담해서 수업을 전개할지 기록되어 있다. 어떤 교사는 패들렛으로 수업 계획안을 공유한다. 함께 보았으면 하는 자료나 영상, 사진 등을 올리고, 서로의 생각을 나눈다. 또 어떤 교사는 줌으로 문화·예술 강사와 기획 회의를 한다. 이 모든 것은 교사의 역할 변화에서 시작되었다. 강사 선정, 내부 기안, 강사료 품의라는 업무 대신 강사와 어떤 수업을 할 것인지, 어떻게 자료를 공유할 것인지, 결과물은 어떻게 만들 것인지 고민할 시간이 생겼기 때문이다. 문화·예술 수업은 강사들의 단독 수업이 아니라, 내용에 있어서 전문가인 강사와 그 내용을 아이들의 수준에 맞게 적용하고 수업을 이끌어갈 담임교사가 협력하는 수업으로 완벽하게 전환되었다.

◆ **외국 교사와의 협력 수업**

"선생님, 국제 교류 수업, 해본 적 있으세요?"

"아니요. 그런 걸 하려면 영어를 잘해야 하잖아요."

"아무래도 그렇겠죠. 초등학교 교사는 잘해야 하는 것이 너무 많아요. 체육, 음악, 미술, 코딩, 국어, 수학, 영어, 역사, 생활교육, 상담…. 그런데 이 모든 걸 다 잘할 수는 없잖아요. 다만, 잘하지 못하더라도 시도하는 모습을 보여주는 것만으로 아이들에게 용기를 준다고 생각해요. 실제로 제가 영어를 못하는 걸 보고, 아이들이 공감하며 안도하더라고요."

"그래도 어느 정도는 해야 하지 않나요?"

"그렇기는 한데, 하다 보면 어느 정도가 되기도 하더라고요. 물론 제 생각이지만, 영어보다는 어떤 내용을 어떻게 전달할지, 이 활동을 왜 하는지를 전하는 것이 더 중요한 것 같아요."

"선생님은 왜 국제 교류를 하세요?"

"그동안 외국의 교사들이나 교육과 관련 있는 분들을 만나면서 많은 것을 경험했고, 배웠거든요. 우리 아이들도 외국 친구들을 사귀면서 새로운 경험을 하고, 많이 배웠으면 좋겠다고 생각해서요."

"아이들이 국제 교류를 좋아하던가요?"

"좋아하는 아이도 있지만, 대부분 영어에 대한 두려움으로 긴장했어요. 하지만 시간이 갈수록 영어에 대한 두려움에서 조금씩 벗어나더라고요. 인도 친구들과 만날 때, 한 아이가 이렇게 말했어요."

"뭐라고 했는데요?"

"우리가 공부를 많이 해서 스트레스도 많이 받는다고 생각했는데, 인도 친구들이 하루에 몇 시간을 공부하는지 들으니, 우리는 아무것도 아니더라고요. 그리고 과학을 제일 좋아한다는 말을 듣고는 놀랐다더군요."

교육은 직접 만나서 얼굴을 보고 하는 것이 가장 좋다고 생각한다. 하지만 온라인 수업이 가져다준 장점도 있는데, 그중 하나가 시공을 초월한 만남이다. 그동안 우리는 외국의 교육을 번역 서적이나 누군가의 경험을 듣는 방식으로만 만날 수 있었다. 그런데 줌 수업이 가능해지면서 전 세계의 교사들과 교류하고 협력하는 것이 어렵지 않아졌다. 10년 전에는 스카이프로 했다면 지금은 줌이라는 프로그램으로 소그룹 회의나 채팅, 공유 등을 활용하여 어렵지 않게 소통할 수 있게 되었다. 유료 계정을 이용하면 통역 기능을 쓰는 것도 가능할뿐더러 패들렛 프로그램을 이용하면 서로의 생각과 자료를 실시간으로 나눌 수도 있다. 구글을 통하면 공동으로 문서 작업도 할 수 있는 시대가 되었다.

뿐만 아니다. 외국의 학생들과 온라인에서 만나 대화하고, 소그룹 활동을 하며, 하루 일과나 학교생활, 자기 나라의 역사를 알리면서 이해의 폭을 넓혀나가고 있다. 또 공동 회의를 통해 지구촌 문제를 해결하기 위한 고민도 함께 나누며 실천하고 있다. 말 그대로 '지구촌'에서 '세계 시민 교육'을 실시간 만남으로 실천하는 셈이다. 서로의 다름을 책으로 배우는 것을 넘어서 실제 만남을 통해서 배우는 이 멋진 도전은 이미 발걸음을 내디뎠다. 언어의 장벽이 있다지만, 긍정적으로 생각한다면 이것이야말로 언어를 배워야 할 동기를 얻는 순간이기도 하다.

초등학교 6학년 학생들의 국제 교류 프로그램

* 출처 : 양평군 교육 협력 사업으로 진행한 인도-이집트-대한민국 교실 연계 프로젝트

아이들의 도전 의식을 높이는, 교사가 만들어가는 대회

"선생님, 이번에 다른 학교들과 토론 대회를 한다고 들었는데, 그거 공문으로 왔나요?"

"아니에요. 교육지원청에서 하는 대회는 참석자 명단 보고, 수상자 명단 보고 등 할 일이 너무 많잖아요. 그리고 다수가 참가해도 일부만 입상하니까, 참가 동기를 부여하기에 부족한 측면이 있어요."

"그래서요?"

"마음이 맞는 몇 개 학교 선생님들과 토론 대회를 열기로 했어요. 국어에 동물 실험이 나오잖아요. 그 주제로 3개 학교가 줌으로 토론 대회를 하기로요."

"아이들의 반응은 어때요?"

"우리처럼 시골의 작은 학교 아이들은 늘 같은 아이들하고만 지내잖아요. 다른 학교 학생들과 토론을 한다니까, 마음가짐이 달라지는 것 같더라고요. 약간의 경쟁심이랄까, 도전 의식이 생기나 봐요. 스스로 토론 원고도 열심히 작성하고, 저에게 계속 물어봐요. 사실 옆 학교 선생님들과 토론 대회를 준비하면서 저도 많이 배우고 있어요."

"어떤 것을 배웠는데요?"

"A학교 선생님은 참 꼼꼼하시고, B학교 선생님은 컴퓨터를 잘 다루시는지 다양한 프로그램을 사용하기에 제가 이것저것 많이 물어봤어요. 작은 학교에서 근무하다 보니 저한테는 늘 하던 방식으로만 하려는 경향이 있다는 걸 깨달았지요."

코로나 여파로 꽤 오랫동안 스포츠나 문예 대회 등 아이들의 도전 정신을 자극하는 행사들을 못 해왔다. 이런 대회들은 그동안 주로 교육지원청이나 기관에서 주관했으나, 교사들이 필요에 따라 탄력적으로 기획해보는 것도 좋을 것 같다. 결재 받고 보고하는 행정적 절차 대신에 왜

교사가 기획한 양평 강하초등학교-구미 문성초등학교-인천 석천초등학교
전국 토론 대회

토론 대회 PPT 중

토론 대회 주제

이 대회를 하는지, 아이들에게 어떤 교육적 효과를 주는지를 동료 교사들과 함께 고민하면서 기획하는 것이다. 교사들이 만들어가는 대회는 아이들뿐만 아니라 교사에게도 배움의 기회가 될 것이다.

나의 꿈을 키우는
진로 교육

"선생님, 저는 미술을 좋아해서 그 분야의 중학교를 가고 싶어요."

"혹시 생각한 중학교라도 있니?"

"아니요, 그냥 그렇다고요."

작년에 만난 우리 반 아이가 한 말이다. 또 다른 아이는 이렇게 말했다.

"저는 태권도 선수가 되고 싶은데, 아빠가 그 길은 너무 좁고 이미 늦었으니 공부나 하래요. 공부가 가장 쉽다고요."

교사가 바쁘다는 이유로 가장 소홀하기 쉬운 것, 굳이 하지 않아도 누가 뭐라 하지도 않는 것이 바로 진로 교육이다. 하지만 한 사람의 인생을 바꿀 만큼 중요한 것이 진로 교육이기도 하다. 미술을 좋아한다는 ○○이에게 이야기를 꺼내보았다.

"○○이는 미술을 좋아하고, 또 잘하잖아."
"미술과 관련한 중학교를 가고 싶은 마음도 있지만, 확신은 없어요. 제가 정말 잘할 수 있을까요? 미술을 잘하는 아이는 엄청 많잖아요."

포털 사이트에서 '사이버 진로 교육 센터'를 검색하고, ○○이에게 어떤 정보나 격려를 해줘야 도움이 될지 고민한다. 또 진로 체험 선택을 할 때에도 미술 쪽을 관심 있게 보게 되고, 멋진 작가의 작품을 발견하면 소개해주기도 한다. 교사가 진로 교육의 전문가는 아니지만, 아이들이 관심 있어 하는 분야를 함께 찾아봐주고, 정보를 나누는 것이 곧 진로 교육의 한 방법이 아니겠는가. 졸업식을 준비하면서는 ○○이에게 현수막 글씨를 직접 써보지 않겠느냐고 제안했다. ○○이는 부담스러워하면서도 싫다고는 하지 않았고, 결국 현수막 글씨를 완성했다. 게다가 유치원 동생들의 사진을 보고 그림을 그려서, 현수막 하나를 더 완성했다. 나는 ○○이에게 이렇게 말해주었다.

"동생들이 ○○이가 그려준 현수막을 보고 정말 좋아할 거야. 동생들에게 좋은 선물이 될 거야. 앞으로도 죽 네가 좋아하는 미술을 즐기면서 좋아하는 것을 많은 사람들과 나누면 좋겠어."

진로 교육이라고 하면 우리는 흔히 잡 월드, 직업 체험 교육, 성격유형 검사, 다중 지능 검사 같은 것을 떠올린다. 그래서인지 진로 교육을 참 어렵다고 느끼고, 왠지 전문가가 해야 할 것 같은 부담감을 갖는다. 하지만 담임교사가 할 수 있는 진로 교육이란 아이가 좋아하고 잘하는 것을 발견해주는 것, 그에 맞는 정보를 제공해주는 것, 또 화분에 물을 주듯이 꾸준히 관심을 갖고 격려해주는 것이 아닐까? 아이가 꿈을 포기하지 않고 용기 내어 도전한다면, 그것이 곧 진로 교육일 것이다.

우리를 이롭게 하는
과학 교육

 과학, 하면 먼저 옆 나라인 중국이 떠오른다. 중국은 미국과 G2를 이루고 있으며, 인공지능 특허, 블록체인 특허, 우주항공 특허에서는 오히려 미국을 앞서 있다. 또 달 뒷면 착륙과 단일국 최초 우주정거장 발사도 앞두고 있다. 이는 중국을 이끌고 있는 시진핑 주석이 칭와대학교 화학공학과 출신인 것과 무관하지 않아 보인다. 중국의 리더는 과학도로서 과학기술이야말로 미래를 이끌어갈 가장 중요한 분야라는 걸 인식하고, 아낌없는 지원을 하고 있는 게 아닐까.

 이번엔 미국 이야기다. 코로나를 겪으며 우리에게 갑자기 익숙해진 단어가 있는데, 바로 mRNA 백신이다. 이 백신을 개발한 지는 오래되었지만, 상용화가 이루어지지 못하고 있었던 것은 전달이 매우 어려웠기 때문이라고 한다. 이 문제를 해결한 것은 나노 입자를 연구해온 과학자들과의 융합 덕분이었다. 그러나 백신의 상용화에는 막대한 예산이 들고, 실패에 대한 각종 리스크를 무시할 수 없으며, 무엇보다 신약 개발에는 다양한 규제가 뒤따르기 마련이다. 그런데 이 모든 문제를 한꺼번에 해결한 것이 바로 미국 정부다. 미국 정부는 막대한 예산을 지원한 것은 물론이고, 연구 실패에 따르는 책임을 묻지 않겠다는 과감한 결단을 내렸다. 그리고 신약 개발에 발목을 잡는 규제들을 찾아서 제거해나갔다.

자, 우리의 과학 교육은 어떠한가? 초등학교에는 과학 보조 교사가 없는 경우가 대부분이다. 규모가 작은 학교에서는 과학 전담 교사가 다른 과목을 함께 가르치기도 한다. 과학실과 영어실을 같이 운영하는 식이다. 주당 수업 시수도 20~22시간, 시간마다 다른 학년을 가르쳐야 해서 실험 준비와 정리를 그때그때 바로 해야 한다. 제대로 된 과학 교육을 한다는 것이 아예 불가능하다고 할 수밖에 없는 구조다. 이뿐인가, 시약 관리와 과학실 안전에 대한 규제는 많으면서 지원은 턱없이 부족해서, 그런 시약을 사용하느니 차라리 실험을 안 하고 마는 게 낫다고 할 정도다.

인도의 초등학교와 국제 교류 수업을 하면서 아이들에게 어떤 과목을 좋아하는지 물었을 때, 우리 아이들은 인도 아이들이 당연히 체육이라고 대답할 줄 알았던 모양이다. 그런데 인도 친구들은 과학이라고 대답했다. 가장 재미있는 과목이 과학이라고? 올해 지자체에서 시행하는 협력 사업을 들여다보아도 마을 교육 사업, 문화·예술 사업, 인문학 사업 등 어디에도 과학은 없다. 정말 과학은 중요하지 않은 것일까?

　　2030년, '소규모 학교 전담 수업 지원에 관한 법률'이 통과되어 6학급 학교에 전담 교사가 2명 배정되었다. 과학 전담 교사는 학년별로 과학 수업을 체계적으로 할 수 있게 되었고, 수업 준비에 어려움이 있었던 과학 실험, 실습 활동도 다양하게 이루어지게 되었다. 영어 전담 교사는 3학년부터 체계적으로 영어를 가르친다. 영어 전담 교사 또한 한 과목만 집중해서 가르칠 수 있게 되어, 학생과 학부모들의 수업 만족도가 매우 높아졌다. 소규모 시골 학교의 수업 만족도가 높아지자, 도시에 사는 학생들 중 일부가 시골 학교를 찾아오게 되었다. 이런 미래를 그려보는 것은 그저 꿈에 불과할까?

눈에 보이지 않지만
정말 중요한 교육

"선생님, 올해 아이들이 유난히 무기력해 보이는 것 같아요. 어떻게 해야 할까요?"

"만약에 선생님이 아프시다면, 어떤 의사를 찾아가고 싶나요?"

"그야 당연히 저를 낫게 해줄 의사지요."

"아마 선생님을 낫게 하려면 의사는 먼저 무슨 병인지 정확하게 진단하고, 그에 맞는 처방을 내려야겠지요?"

"네. 그런데 왜 갑자기 의사 이야기를?"

"좋은 의사가 정확한 진단과 처방을 하듯이, 좋은 교사는 아이의 행동목적을 이해하고, 그에 맞는 방법을 적용한다는 이야기를 하고 싶어서요."

"예를 들면요?"

"한 아이가 있는데, 교사를 굉장히 피곤하게 한다고 쳐요. 수업 시간에 큰 소리로 이야기하거나 자리에서 이탈하는 식으로요. 그런 아이에게 '똑바로 앉아'라거나 '네 자리로 가'라는 말만 되풀이하고, 아이가 왜 그런 행동을 하는지 알려고 하지 않는다면, 의사가 환자에게 왜 그런 증상이 나타났는지 이해하지 못한 채 처방을 내리는 것과 같거든요.

예전에 사람이 암에 걸리면 화학 치료제를 사용했는데, 이게 1기 항암 치료법이에요. 이 치료법은 암세포뿐만 아니라 건강한 세포까지 공격해서 정말 고통스럽고, 완치율도 낮았지요.

그다음에 나온 것이 암세포만 공격하게 하는 표적 치료인데, 이 방법역시 종양을 제거해도 재발하는 경우가 많았고, 성공률도 낮았어요. 아예 치료를 하지 못하는 경우도 있었고요. 이것이 2기 항암 치료법이에요.

지금은 면역 치료법으로 넘어가는 단계인데, 암세포가 자라지 못하도록 건강한 환경을 만들어주는 방법이에요. 건강한 환경을 만들어서 암세포의 증식을 막고, 이에 더해 암 유발 단백질의 증식을 저해하는 타깃 유전자를 선택해서 맞춤형 치료를 하는 거지요. 비용이 많이 들기는 하지만, 효과는 가장 좋다고 해요. 이것이 3기 항암 치료법이에요. 만약 선생님이라면, 어떤 치료를 받고 싶나요?"

"당연히 3기 치료법이죠. 한데, 암 치료와 교육이 어떤 관계인지?"

"1기 화학 치료는 이를테면 단체 벌과 같은 원리예요. 단체로 혼내는 것, 보이는 행동에 강한 압력을 행사하는 거지요. 예전에 사용한 행동 수정 원리입니다. 표적 치료는 그 아이만 따로 불러내서 훈계하는 거랑 비슷하겠지요. 단체나 여러 명 앞에서 혼내는 것보다는 효과가 있잖아요."

"그럼 면역 치료나 타깃 치료와 같은 방법은 뭔가요?"

"우선 면역 치료는 아이의 사회적 면역력을 높이는 거예요. 학급의 문화를 만드는 것이지요. 경쟁보다 협력을, 칭찬보다 격려를, 결과보다 과정을, 분리보다 연결을, 수직적 관계보다 수평적 관계를, 기대보다 응원을. 그리고 결과에 상관없이 일관되게 지지하고 관심을 가져주는 거예요. 아이가 소속감과 자존감을 느끼면, 스스로 능력이 있다고 믿게 돼서 공동체에 관심을 갖게 되고 공헌하려고 하거든요. 사회적 면역력을 갖춘 상태가 되는 것이지요.

그리고 타깃 유전자 맞춤형 치료를 교육에 비유하자면, 아이가 건강하지 못한 해석을 하도록 만든 경험을 찾아내서, 그런 해석을 내리지 않도록 건강한 신념을 심어주는 것입니다. 가령 어린 시절에 친구들이 자신을 비웃었고, 그로부터 나는 부족하고 친구들은 언제나 나를 놀린다고 생각하게 되었다면, 수업 시간에 다른 이유로 웃는 친구를 보면 상처를 받거나 공격성을 띠게 되거든요. 경험에 대한 잘못된 해석에서 기인한 것이지요. 자신을 나쁜 아이라고 생각하거나, 친구들을 경쟁자라 여기거나, 세상에 대해 부정적으로 생각하는 것들이 곧 '경험의 돌연변이'입니다. 이것을 의사가 타깃 치료를 하듯이, 그 아이에 대한 개별적 교육으로 변화를 이끌어내야 합니다. 아이가 어떤 경험을 거쳐서 스스로를 부정적으로 생각하게 되었는지를 파악하고, 부정적인 생각에서 벗어날 수 있도록 다독이고 격려하는 거지요. 그런 다음에, 구체적으로 어떻게 다르게 행동하는 게 좋은지 꾸준히 교육해야 해요."

"그렇게 하려면 시간과 노력이 많이 들지 않나요?"

"그것이 바로 교사가 행정 일을 하면 안 되는 이유이기도 합니다. 교사에게 여유가 없으면 1기 항암 치료법만 사용하게 되니까요. 제가 어렸을 때, 한 반에 50명의 아이들이 있었어요. 그때는 다른 방법을 잘 모르기도 했겠지만, 아이들이 너무 많으니까 1기 항암 치료법과 같은 교육 방법을 쓸 수밖에 없었을 거예요. 하지만 지금은 학급당 인원수도 줄었고, 우리 교육의 수준도 높아졌습니다. 예전에는 대장암이니 폐암 정도로만 구분하던 수준에서, 변이가 일어난 유전자를 찾아서 치료하는 정밀한 의료로 발달한 것처럼요. 우리 교육도 더 세심하게 아이들을 관찰하고, 아이 하나하나에 맞게 교육하고 상담할 필요가 있어요."

2021년 겨울, 경기도교육청을 시작으로 학교에서 교사의 역할과 행정실의 역할 그리고 관리자의 역할에 대한 근본적인 논의가 이루어졌다. 그로부터 10년이 흘러, 학교에서 각 직제별 역할을 둘러싼 논의는 완벽히 정리되어 교사, 관리자, 지원팀이 하는 일이 분명해졌다. 행정과 교육을 지원하는 관리자, 수업과 교육 활동에 전념하는 교사, 실무를 지원하는 지원팀은 오로지 학생들의 성장과 교육을 위해서 각자의 역할과 의미를 찾아나가고 있다.

한때, 4차 산업혁명을 이야기하며 교사가 마치 미래에 사라질 1순위 직업인 것처럼 시끄러웠던 적이 있다. 그때 사람들은 AI가 교사를 대신하고, 온라인으로 교육을 하며, 학교라는 공간은 더 이상 필요하지 않게 될 거라고 했다.

그런데 2020년 초, 전 세계를 뒤덮은 코로나 위기 상황을 겪으며 우리 모두가 깨달은 것이 있다. 바로 학교가 얼마나 중요한 공간이었나 하는 것이다. 코로나 상황을 통해 우리는 학교가 비단 교과 지식만 배우는 곳이 아니라는 것을 알게 되었다. 학교는 서로 관계를 맺고, 사회성을 기르고, 규칙적인 생활을 하고, 건강한 영양 상태를 유지하도록 하고, 무엇보다 안전한 공간에서 정해진 시간에 규칙적이고 반복적이며 종합적인 교육이 이루어지는 곳이라는 사실을, 매우 중요하게 인식하게 되었다.

2020년 3월, 교육부는 코로나로 '등교 중지'라는 초유의 결정을 내렸고, 학교와 학부모들은 그 후속 대책을 기다리고 있었다. 그런데 2주 뒤,

교육부의 발표는 전국에서 똑같이 E학습터의 콘텐츠를 보거나 EBS 방송을 볼 것을 권장하는 내용이었고, 그 결과는 참담했다. 아이들은 방송을 틀어놓고 딴 짓을 했으며, 저학년 아이들은 집중하지 못해서 부모가 교사의 역할을 대신해야 하는 상황이 발생했다. 부랴부랴 저학년 긴급 돌봄을 시행했지만, 그럼에도 온라인 콘텐츠 수업, 출석 체크 방식 등에 학부모들은 여전히 불만을 표출했다.

그러자 교육부에서는 다시 콘텐츠 수업을 실시간 쌍방향 수업으로 전환하도록 안내했다. 줌 프로그램은 콘텐츠 수업보다는 효과가 있었지만, 하루 6교시를 모두 온라인 수업으로 진행하는 것은 교육적 효과 여부를 떠나, 학생들이 6시간 내내 모니터를 들여다보도록 하는 것이 과연 바람직한 일인가에 대한 의문을 불러일으켰다. 이런 상황에서도 교사들은 교육부의 지침을 지키며 콘텐츠 수업에서 줌을 활용한 쌍방향 수업으로 전환했고, 나아가 '방 탈출 게임' 등 온라인 교육 활동을 위한 프로그램들을 제작했다. 또한 격주 수업, 격일 수업, 오전·오후 수업 등 계속되는 변화에 적응하며 2년을 그 자리에서 버텨냈다.

우리는 코로나 2년을 겪으며 그동안 의식하지 못하고 해온 일들이 얼마나 고마운 것이었는지를 깨닫고 있다. 그저 마스크를 벗고 이야기하는 것, 좋은 사람들과 만나서 밥을 먹고 차를 마시는 것, 여행을 가는 것, 별것 아니라고 여겼던 일상이 사실은 얼마나 소중한 것이었는지를 알게 되었다. 그리고 그 가운데 하나, 아니 어쩌면 가장 중요한 것이 '학교'라는 사실에 반론을 제기할 사람은 없을 것이다.

학생들은 학교에 간다는 것 자체를, 학부모들은 아이들이 등교하는 것만으로 안도하는 날이 올 거라고 누가 상상이나 해보았을까. 교사들 또한 아이들을 모니터가 아닌 대면으로 만나는 일상이 얼마나 행복한 일인지를 체감하고 있다. 그렇게 우리는 코로나를 겪으며 학교의 소중함을 깨달아가고 있다. 학생들에게 학교란 학습하는 곳을 넘어서 친구들을 만나는 곳, 삶을 배우는 곳, 맛있는 급식을 먹는 곳, 안전하게 쉴 수 있는 곳, 책을 마음껏 읽고 빌릴 수 있는 곳, 체험학습이나 수학여행을 가서 추억을 만드는 곳, 사회성을 배우는 곳이다.

이 고마운 마음을 잊지 말고, 앞으로도 교육청과 교육지원청은 책임 있는 교육행정으로, 학교장은 민주적인 리더십으로, 행정업무지원팀은 적극적인 지원으로, 우리의 소중한 학교가 발전하도록 도와야 할 것이다. 그리고 무엇보다 교사들은 열정적인 교육 활동으로 아이들의 진정한 배움과 성장을 이끌어야 할 것이다. 이 책이 그 역할을 하는 데 미약하나마 보탬이 되기를 진심으로 기대한다.

2022년 3월

김성환, 정재석, 박기황, 이필규, 오스티나 강

1) 교육대학교나 사범대학을 졸업하면 임용 시험에 응시할 수 있는 2급 정교사 자격이 주어지며, 임용 시험 합격 후 3년이 지나면 연수를 통해 1급 정교사 자격을 취득할 수 있다.

2) 6학급 등 소규모 초등학교의 경우, 전담 교사가 2개 이상의 과목을 4개 학년(3~6학년)을 대상으로 수업하는 경우가 많다. 이런 경우 담임교사 못지않게 수업 준비에 대한 부담을 가질 수밖에 없다.

3) 교육행정정보시스템(NEIS)

4) 장경주, 〈한국의 교사들은 어떻게 동원되는가? - 2019 교사들의 업무 실태 조사 보고서〉, 서울교사노조, 2019.

5) 김은주, 〈학생들이 지각하는 교실 붕괴의 원인과 대책〉, 인문사회교육연구, 2003.

6) 윤정일, 〈학교교육 붕괴 위기의 종합적 분석과 대책에 관한 연구〉, 교육행정학연구, 2003.

7) 김성열·고창규, 〈교실 붕괴와 교육정책 : 교실 붕괴 담론 분석을 중심으로〉, 교육인류학연구, 2000.

8) 이혁규, 〈질적 사례 연구를 통한 교실 붕괴 현상의 이해와 진단〉, 교육인류학연구, 2003.

9) 김진한, 〈무너지는 교실과 살아 있는 교실의 문화 기술적 비교〉, 한국성인교육학회, 2002.

10) 교육과학기술부, 〈질의 회신 사례집〉, 2006.

11) 장경주, 〈한국의 교사들은 어떻게 동원되는가? - 2019 교사들의 업무 실태 조사 보고서〉, 서울교사노조, 2019.

12) 엄기호, 《교사도 학교가 두렵다》, 따비, 2013.

13) 이오덕, 《이오덕 일기 1》, P.62~66, 양철북, 2013.

14) 홍섭근, 《교사 불신》, 테크빌교육, 2019.

15) 관련 성취 기준 : [6사03-06] 대표적인 유적지(행주산성, 남한산성 등)와 인물들(이순신과 곽재우, 김상헌과 최명길 등)의 활동을 통하여 임진왜란, 병자호란 등과 같은 국가적 위기의 극복 과정을 탐색한다.

16) 경기도교육청, 〈안전한 현장 체험학습 운영 지침〉, 2021.

17) Janette Griffin 외, 《Moving from task-oriented to learning-oriented strategies on school excursions to museums》, Science & Education, 1998.

18) 주무관은 6급 이하 일반직 공무원의 대외 직명이다. 학교에서는 일반직 공무원 외 교육공무직인 행정실무사도 보통 주무관으로 호칭하는 경우가 많다.

19) 교육공무원법 41조는 '교원은 수업에 지장을 주지 않는 범위에서 소속 기관장의 승인을 받아 연수 기관이나 근무 장소 외의 시설 또는 장소에서 연수를 받을 수 있다'라고 규정하고 있으며, 대표적으로 방학 기간이 이에 해당한다.

20) 학교의 주요 의사 결정을 심의·자문하는 학교운영위원회의 구성원은 교원위원, 학부모위원, 지역위원으로 이루어지며 행정 직원은 선출 자격이 없다.

21) 미국의 사회학자 댄 로티(Dan C. Lortie)는 교사의 활동 반경이 주로 교실에 한정되어 있음을 지적하고 이를 '달걀판'에 비유했다.

22) 박점순, 〈신규 교육행정직 공무원의 업무 이해 및 직무 만족도 분석 : 세종특별자치시교육청 신규 공무원을 중심으로〉, 한국교원대학교 교육정책전문대학원 석사 학위 논문, 2018.

23) 비법정 기관 : 법규의 근거 없이 학교 규정, 관습, 학교장의 명 또는 자율적으로 설치되는 기관. 교직원 회의, 부장 회의, 어머니회 등.

24) 패들렛 프로그램(Padlet.com)은 자료, 사진, 동영상 등을 공동으로 저장·공유·편집할 수 있으며, 자료에 대한 의견을 댓글 등으로 나눌 수 있어 공동 작업에 매우 효과적이다.

25) 목적사업비란 본예산과 달리 지자체에서 특수한 목적에 맞게 배정하고, 그 목적에 맞게 사용하도록 한 것. 교사들이 예산 신청과 사용, 정산 등에 어려움을 겪을 뿐 아니라, 코로나 등 변화하는 상황에 대처하는 데 어렵다는 단점이 있다.

26) 학교에서 성적을 통지하는 시스템으로, 모든 평가가 전산으로 입력·저장된다. 교과 성취에 대한 평가가 서술형으로 되어 있다.

27) 이지에듀는 많은 학교에서 교육과정을 계획하는 프로그램으로, 시수 등을 입력하면 제출용 교육과정을 쉽게 작성할 수 있도록 연간 시간표, 진도표 등을 자동으로 짜준다.

28) 스웨덴의 환경운동가 그레타 툰베리는 2019년에 유엔 본부에서 열린 기후 행동 정상 회의에서 연설하여 세계적으로 유명해졌으며, 타임지 '올해의 인물'에 최연소로 선정되었다.

* 미처 밝히지 못한 자료가 있다면 양해 부탁드립니다.
문제 시 연락 주시면 알맞은 조치를 취하겠습니다.